中国古代砖瓦

李 楠 编著

中国商业出版社

图书在版编目（CIP）数据

中国古代砖瓦／李楠编著 . -- 北京：中国商业出
版社，2014.5（2022.4 重印）
ISBN 978-7-5044-8546-5

Ⅰ．①中… Ⅱ．①李… Ⅲ．①古砖-研究-中国②古
瓦-研究-中国 Ⅳ．①K876.3

中国版本图书馆 CIP 数据核字（2014）第 299287 号

责任编辑：常　松

中国商业出版社出版发行
（www.zgsycb.com　100053　北京广安门内报国寺 1 号）
总编室：010-63180647　编辑室：010-83114579
发行部：010-83120835/8286
新华书店经销
三河市吉祥印务有限公司印刷
*
710 毫米×1000 毫米　16 开　12.5 印张　200 千字
2014 年 5 月第 1 版　2022 年 4 月第 2 次印刷
定价：25.00 元
* * * *
（如有印装质量问题可更换）

《中国传统民俗文化》编委会

序　言

　　中国是举世闻名的文明古国,在漫长的历史发展过程中,勤劳智慧的中国人创造了丰富多彩、绚丽多姿的文化。这些经过锤炼和沉淀的古代传统文化,凝聚着华夏各族人民的性格、精神和智慧,是中华民族相互认同的标志和纽带,在人类文化的百花园中摇曳生姿,展现着自己独特的风采,对人类文化的多样性发展做出了巨大贡献。中国传统民俗文化内容广博,风格独特,深深地吸引着世界人民的眼光。

　　正因如此,我们必须按照中央的要求,加强文化建设。2006 年 5 月,时任浙江省委书记的习近平同志就已提出:"文化通过传承为社会进步发挥基础作用,文化会促进或制约经济乃至整个社会的发展。"又说,"文化的力量最终可以转化为物质的力量,文化的软实力最终可以转化为经济的硬实力。"(《浙江文化研究工程成果文库总序》)2013 年他去山东考察时,再次强调:中华民族伟大复兴,需要以中华文化发展繁荣为条件。

　　正因如此,我们应该对中华民族文化进行广阔、全面的检视。我们应该唤醒我们民族的集体记忆,复兴我们民族的伟大精神,发展和繁荣中华民族的优秀文化,为我们民族在强国之路上阔步前行创设先决条件。实现民族文化的复兴,必须传承中华文化的优秀传统。现代的中国人,特别是年轻人,对传统文化十分感兴趣,蕴含感情。但当下也有人对具体典籍、历史事实不甚了解。比如,中国是书法大国,谈起书法,有些人或许只知道些书法大家如王羲之、柳公权等的名字,知道《兰亭集序》

是千古书法珍品,仅此而已。

再如,我们都知道中国是闻名于世的瓷器大国,中国的瓷器令西方人叹为观止,中国也因此获得了"瓷器之国"(英语 china 的另一义即为瓷器)的美誉。然而关于瓷器的由来、形制的演变、纹饰的演化、烧制等瓷器文化的内涵,就知之甚少了。中国还是武术大国,然而国人的武术知识,或许更多来源于一部部精彩的武侠影视作品,对于真正的武术文化,我们也难以窥其堂奥。我国还是崇尚玉文化的国度,我们的祖先发现了这种"温润而有光泽的美石",并赋予了这种冰冷的自然物鲜活的生命力和文化性格,如"君子当温润如玉",女子应"冰清玉洁""守身如玉";"玉有五德",即"仁""义""智""勇""洁";等等。今天,熟悉这些玉文化内涵的国人也为数不多了。

也许正有鉴于此,有忧于此,近年来,已有不少有志之士开始了复兴中国传统文化的努力之路,读经热开始风靡海峡两岸,不少孩童以至成人开始重拾经典,在故纸旧书中品味古人的智慧,发现古文化历久弥新的魅力。电视讲坛里一拨又一拨对古文化的讲述,也吸引着数以万计的人,重新审视古文化的价值。现在放在读者面前的这套"中国传统民俗文化"丛书,也是这一努力的又一体现。我们现在确实应注重研究成果的学术价值和应用价值,充分发挥其认识世界、传承文化、创新理论、资政育人的重要作用。

中国的传统文化内容博大,体系庞杂,该如何下手,如何呈现?这套丛书处理得可谓系统性强,别具匠心。编者分别按物质文化、制度文化、精神文化等方面来分门别类地进行组织编写,例如,在物质文化的层面,就有纺织与印染、中国古代酒具、中国古代农具、中国古代青铜器、中国古代钱币、中国古代木雕、中国古代建筑、中国古代砖瓦、中国古代玉器、中国古代陶器、中国古代漆器、中国古代桥梁等;在精神文化的层面,就有中国古代书法、中国古代绘画、中国古代音乐、中国古代艺术、中国古代篆刻、中国古代家训、中国古代戏曲、中国古代版画等;在制度文化的层面，就有中国古代科举、中国古代官制、中国古代教育、中国古代军队、中国古代法律等。

此外，在历史的发展长河中，中国各行各业还涌现出一大批杰出人物，至今闪耀着夺目的光辉，以启迪后人，示范来者。对此，这套丛书也给予了应有的重视，中国古代名将、中国古代名相、中国古代名帝、中国古代文人、中国古代高僧等，就是这方面的体现。

生活在 21 世纪的我们，或许对古人的生活颇感兴趣，他们的吃穿住用如何，如何过节，如何安排婚丧嫁娶，如何交通出行，孩子如何玩耍等，这些饶有兴趣的内容，这套"中国传统民俗文化"丛书都有所涉猎。如中国古代婚姻、中国古代丧葬、中国古代节日、中国古代民俗、中国古代礼仪、中国古代饮食、中国古代交通、中国古代家具、中国古代玩具等，这些书籍介绍的都是人们颇感兴趣、平时却无从知晓的内容。

在经济生活的层面，这套丛书安排了中国古代农业、中国古代经济、中国古代贸易、中国古代水利、中国古代赋税等内容，足以勾勒出古代人经济生活的主要内容，让今人得以窥见自己祖先的经济生活情状。

在物质遗存方面，这套丛书则选择了中国古镇、中国古代楼阁、中国古代寺庙、中国古代陵墓、中国古塔、中国古代战场、中国古村落、中国古代宫殿、中国古代城墙等内容。相信读罢这些书，喜欢中国古代物质遗存的读者，已经能掌握这一领域的大多数知识了。

除了上述内容外，其实还有很多难以归类却饶有兴趣的内容，如中国古代乞丐这样的社会史内容，也许有助于我们深入了解这些古代社会底层民众的真实生活情状，走出武侠小说家加诸他们身上的虚幻的丐帮色彩，还原他们的本来面目，加深我们对历史真实性的了解。继承和发扬中华民族几千年创造的优秀文化和民族精神是我们责无旁贷的历史责任。

不难看出，单就内容所涵盖的范围广度来说，有物质遗产，有非物质遗产，还有国粹。这套丛书无疑当得起"中国传统文化的百科全书"的美誉。这套丛书还邀约大批相关的专家、教授参与并指导了稿件的编写工作。应当指出的是，这套丛书在写作过程中，既钩稽、爬梳大量古代文化文献典籍，又参照近人与今人的研究成果，将宏观把握与微观考察相结合。在论述、阐释中，既注意重点突出，又着重于论证层次清晰，从多角度、多层面对文化现象与发展加以考察。这套丛书的出版，有助于我们走进古人的世界，了解他们的生活，去回望我们来时的路。学史使人明智，历史的回眸，有助于我们汲取古人的智慧，借历史的明灯，照亮未来的路，为我们中华民族的伟大崛起添砖加瓦。

是为序。

傅璇琮

2014 年 2 月 8 日

前　言

　　砖瓦当是中国古代建筑的重要建筑材料，为中国古代建筑不可缺少的组成部分。

　　"秦砖汉瓦"曾一度书写了辉煌的一页，并成为了这一时代的历史遗存和见证。当深埋地下千百年的"秦砖汉瓦"重见天日后，不仅成了珍贵文物，而且洋洋洒洒地走进了艺术殿堂。

　　这些两千多年前的残砖断瓦的存在和发现对于我们来说意义非凡，为我们了解各朝文化与建筑风格特征提供了最直接的证据，也为广大考古和艺术工作者贡献了最佳的实物资料，它们甚至使一些金石篆刻家如获至宝，让他们的技艺更进一步。广大普通读者也可以通过这些砖瓦残片，更加深入地了解古代建筑，并于古代雕刻技艺中寄一腔浪漫思古之情。

　　现代的城市建筑，都是钢筋水泥结构，东方建筑中屋顶上鳞鳞层列的瓦片已很罕见。但是，当你走进中国古代砖瓦的世界，目光触摸那些汉瓦古砖，接近中国古代文明，你的心灵会因中华文化的博大精深而震撼。

经过了两千多年的风雨洗礼，这些古代砖瓦呈现出一种朦胧的灰褐色，以精美的画像，瑰丽的图案，隽秀的文字，折射出古文明的灿烂辉煌，有极高的学术价值和欣赏价值。一砖一瓦都烙上了时代的痕迹，精美绝伦。

本书通过对不同时期、不同地区、不同建筑遗址出土的古砖、瓦当进行比较分析，初步建立起中国古代瓦当发展的基本序列，并对相关问题进行研究探讨，揭示了砖瓦背后深邃的历史文化内涵，有极强的科学性。

总之，这部书对考古工作者和文物爱好者学习中国古代砖瓦的基础知识有较高的参考价值。

目录

第一章　古砖：泥与土的千古融汇

第二章　画像砖：砖面上的诗情画意

第三章　巧思妙想话砖雕

第四章　瓦：屋顶上的鬼斧神工

第一节　瓦：屋顶上的舞蹈

第二节　瓦当：屋檐上的精灵

第五章　建筑：砖与瓦的结晶

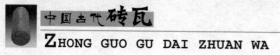

第一章

古砖：泥与土的千古融汇

古砖为泥土烧制物，古砖往往刻有年代、图案、吉祥语等，是研究历史和雕刻的重要参考资料。我国在春秋战国时期陆续创制了方形和长形砖，秦汉时期的制砖技术和生产规模、质量和花式品种都有显著发展，世称"秦砖汉瓦"。古砖承载着古代人的艺术精华，对了解和认识古砖有很大的历史意义。

第一节
古砖史话

居住的变迁——砖的雏形

中国是世界上历史悠久、文化发展最早的国家之一。考古学家发现，距今约50万年前的北京周口店遗址——中国猿人"北京人"所居住的天然山洞，就是众多发现中的一处。除了天然洞穴以外，河南的安阳及开封、广东的阳春等处，也都发现有旧石器时代晚期的半人工洞穴遗址。中国古代文献中对此也有若干记载，如《易·系辞》中提及"上古穴居而野处"；《礼记·礼运》中则说"昔者先王未有宫室，冬则居营窟，夏则居橧巢"。记录了人类处在原始时期，由于生产力低下，而采取穴居、巢居的生活方式。

从旧石器时代晚期到新石器时代，在中国广袤无垠的土地上，有许多面积不一样的民族部落散布着，但他们的发展并不平衡。其中仰韶文化的氏族（殷商时期），处在黄河中游肥沃的黄土地带，后来逐步形成为母系氏族公社的繁荣阶段。由于从事农业生产，生活定居下来，因此，慢慢出现了房屋和聚落。半坡村仰韶文化住宅形式中的方形房屋样式，房门朝南开，入口都比较狭窄，房子中间通常设置有一个烧火的土炕。由此不难看出，此时的人们开始处于比较固定的定居生活状态，这时

龙山文化的居住遗迹

的火是极其重要的，火的使用成为人类文明发达程度的重要标志。紧接着仰韶文化的是龙山文化（西周早期）的父系氏族公社。随着私有制的出现与发展，此时，中国原始社会逐渐瓦解而进入奴隶社会。

据考古发现，处在仰韶文化与龙山文化之间的居住遗迹，其屋内部的柱洞下，已经发现奠基用的扁平砾石。洛阳王湾遗址的墙基结构，是先挖掘沟槽，在沟槽底部填烧红的碎泥块（类似碎砖的陶片），或铺一层平整的大块砾石，墙体就是在它的基础上做的。由这些迹象可以看出，当时的建筑处于不断的改进中。半坡人居住的还有一种圆形的房子，其构造比方形房子复杂，大多数是在平地上建筑起来，墙壁以木柱子为骨架，门口开阔平坦，有支撑房顶的柱子。一般均立在房子中间或者两旁，与现代的蒙古包十分相似。与方形房子相比，圆形房子体现了原始建筑艺术的发展变化，已开始崭露中国建筑中特有的木架结构雏形。

陕西长安县客省庄西周居住遗迹，是自新石器时代以来中国古代的居住遗址。其中处处有半地下式窟穴，即"凿地为穴"的居室。客省庄二期的居室既有圆形单室，也有前后两室相连的布局。相关学者认为陕西龙山文化（客省庄二期）是早期西周文化的祖先。这时期的地穴有深、浅两类，浅穴为长方形，深穴为圆形。坑壁即居室的"墙"，其墙根处和地面均用火烧硬。

随着人们生产能力的提高，财富的积累促进了私有制的发达，而王权的产生更使社会的贫富分化得到了政治上的保障。从殷代宫殿遗址可以看出，殷代的建筑艺术已经非常发达了，其宫殿规模相当庞大，而且具有堂和室的区别。从图中的复原图看，当时的宫殿已经拥有大堂和众多的室，其中室又分为大室和小室。其建筑规模是半坡时代的公共会所无法比拟的。

考古学研究表明，人类的居住，经历了从自然洞穴到半地穴、半地面的发展，经历了从原始时期到氏族公社，到了奴隶制的夏商时代，其建筑已经基本都在地面上进行了。夏商时期的建筑就其形状而言，大体有方形、圆形、不规则形，面积大小不一。从墙体建筑材料而言，有用植物茎秆做

古代瓦当

河南邓县八里岗仰韶文化遗址

里面在外面抹泥土的木骨草泥墙，也有不用木骨直接用草泥堆砌成的泥垛墙，还有用夹板的版筑法层层加高筑成的夯土墙，另外还有土坯墙。从屋顶的形态而言，有圆尖顶窝棚式，有人字形屋顶，还有平顶式、斜坡式以及四面坡式屋顶等。夏商时期的考古遗址都说明，这一时期我国的建筑技艺已经有了长足的发展，但都还未使用砖、瓦。如成都十二桥古蜀文化遗址中发现古代人聚居的建筑群，已经发掘出 1248 平方米的木结构住房。这些住房用圆木做栋梁，四周墙壁用竹竿编织，里外抹泥，屋顶则用树枝编夹树皮覆盖。这说明此时我国南部地区建筑技艺高超，但依然没有使用砖、瓦的痕迹。上述各种砌墙的方法，就是现在还被普遍运用。

从"红烧土"到砖

　　远古时期建筑物的发展是极其漫长的过程。在原始社会，史前先民都是从建造穴（洞）居、巢居到逐步掌握营建半地下、地面上房屋的技术。史前先民使用火来取暖、烧烤食物或煮饭的地方，经过烧烤的黏土地面或墙面能够变硬，而且可防潮防水。经过长期的观察和实践，先民们逐步认识到烧土的这种特性，并在建筑物上加以利用。这类烧土在考古学上定义的名称为"红烧土"。因为史前时代还没有或是还未发明还原烧制法，黏土在氧化条件下经烧烤后的颜色均为红色。红烧土有粒状与块状等不同形状。

红烧土也许是古陶器和古砖瓦产品发展的最初基础。例如在大多数已发现的新石器时代遗址中均发现有红烧土或红烧土块，如：

位于河南省舞阳县的贾湖遗址（距今 7000—9000 年前），发现有一些红烧土块。

内蒙古发现了两座公元前 6200—前 5400 年的房址。在距今 8000 年的"兴隆洼文化"时期的兴隆洼遗址，发现了人类原始居住场所原貌的房址。在房址居住面上，考古工作者发现了大量先民使用过且保存完好的遗物，内部发现有堆积的红烧土块，壁面、地面均被烧成红褐色和黑褐色且十分坚硬，室内有大量红烧土块。

据武汉地区考古发掘证明，武昌洪山放鹰台遗址出土了大量稻壳烧土和红烧土房屋遗迹，时间在距今 6000—8000 年前的新石器时代早、中期。远在距今 7000—8000 年以前，在武汉地区生活的人们，不仅进行渔猎活动，而且已开始种植水稻，并采用了红烧土来改善居住条件。

庙底沟遗址（距今 4800—5900 年）类型的房子，在王湾、庙底沟等遗址发现十多座，为半地穴式和地面式的方形建筑。出现用挖槽法筑墙，并用红烧土块和砾石铺垫。居住面涂抹草泥土，晚期使用石灰抹墙。

仅在屈家岭遗址（距今 4600—5000 年）一处，在面积约 500 平方米的范围内，就发现大量掺有稻谷壳和稻草的红烧土，总量约达 200 立方米，有的地方稻壳和稻草密结成层，其数量是十分巨大的。

在西藏昌都镇东南约 12 公里的澜沧江西岸的卡若遗址中发现红烧土和石墙房屋，面积一般在 10～30 平方米之间，最大的一座近 70 平方米。放射性碳素测定其年代为距今 4000—5000 年。遗址分早、晚两期，其红烧土房屋，分圆底、半地穴、地面房屋三种。

上述发掘的遗址实例均说明，我们的祖先很早就将经过烧烤后的黏土——红烧土块用在了建筑上。此时这类红烧土块可以认为是"烧结砖"发展过程中的"萌发"状态。在建筑上使用红烧土是我国古代历史上独有的特征，也是我国史前先民聪明才智的发挥与创造。随着时间的推移，先民们对这类红烧土块，从早先的利用而变成了专门的加工制作，形成了有一定用途的制品。

在 20 世纪的 70—90 年代，新的考古发现进一步证明，我国史前先民对红烧土的利用逐步变成了专门的加工制造，形成了一种专门的制品——"砖"。例如：安徽蚌埠市淮上区小蚌埠镇双墩村北，有一个高于地面约 5 米的土堆，这里出土了大量的陶器、石器、骨角、蚌器、红烧土块建筑遗存以及动物骨骼、螺蚌壳等，种类繁多，既有生产工具、生活用具，也有大批刻画符号（达 600 多种）和泥塑艺术品。经过专业仪器的检测，证实了这些出土文物距今已有 7300 年的历史。在蚌埠市工作的安徽考古所负责双墩遗址发掘的阚绪杭研究员介绍说："的确在双墩遗址发现了大量的红烧土块，有大有小，有的还特别大，最大块的尺寸有 20 多厘米，厚度 13～14 厘米，估计形成温度在 900℃左右，因此推测肯定与建筑有关。但至今在双墩遗址还未发现陶窑，无法确定该红烧土块是专门加固用于建筑的，还是烧陶等出现的红烧土。""双墩文化"作为一种新的考古学文化被正式提出，这是三十多位来自北京大学、清华大学、中国社科院等单位的专家学者，在实地考察安徽蚌埠双墩遗址，并进行了广泛深入的研讨后得出的结论。

考古发现，早在 6400 多年前，母系氏族时期的西安半坡先民就采用横火膛窑和竖火膛窑烧制盛水、煮饭等六类日用陶器，就掌握了制陶的基本热学知识，为以后制造烧结黏土砖、瓦奠定了基础。

综上所述，考古界所称的"红烧土块"，乃是中国烧结砖最早的"雏形"，亦为烧结砖之"元祖"。特别是安徽含山凌家滩遗址发掘出的大块鲜红的陶块和用黏土由人工摔打烧制而成的红烧土块；湖南澧县城头山原始社会城址出土大约 4600 年前烧成的、被日本学者称为世界上最古老的"砖"，可谓为中国最早的"烧结砖"。

从以上考古发现的实物可知：我国烧结砖出现的历史可追溯到新石器时代的早期，距今应有 7000 多年历史。

烧结砖的出现

从现已考古发掘出土的实物显露的信息看，现代形体概念上的烧结砖形成于江南的良渚文化时期（距今 4200—5300 年），而且在多个遗址中均有大量发现。有关考古文献中称之为"规则的红烧土坯"、"坯料型红烧土"或"红烧土坯"，如江苏昆山市的赵陵山遗址，浙江杭州市余杭区的莫角山遗址、庙前遗址，上海的福泉山遗址等。

赵陵山遗址，东西长80余米，南北宽60余米，高9米。当时的良渚人已经能够烧制造型完美、形态各异的陶器，黑皮陶、彩陶器构思巧妙，具有很高的艺术水准。不少器具上绘制了鱼、兽、人的图案，甚至有被专家认作原始文字的刻画符号。显然，能够烧制出如此精美陶器的良渚人，完全能够烧制出建筑用砖，尽管我们目前能见到的还只是砖的雏形。

在江苏省昆山市锦溪镇古砖瓦博物馆中珍藏的最早的一块"砖"（红烧土块）距今已有5000多年历史，它取之于昆山市赵陵山良渚文化遗址，为良渚人居住的"半穴式"房屋红烧土墙上的"砖块"。此砖为良渚文化时期之遗物，它由黏土、稻糠和稻草糅合，并以竹竿和芦苇作骨架，堆积大量干柴用火焚烧而成。

良渚文化时期的墙体，是在少卿山遗址的基础面上发现的。基础面，是以"红烧土砖块"上垫多层黑灰和黏土堆筑而成。两段墙体，一段东墙，南北向，保存长约3米；一段在西南面，已坍塌，保存长约1.5米。从残墙上可以清楚地看出，先民们是用两根竹子或芦苇并排作为经线，以五根竹（苇）为纬线，交叉编织而成。墙体匀称、美观、实用，埋入土内约20厘米深的地方，隔一段距离立一根木柱，用以固定墙体，然后再在墙上抹上黏土。

第二节
古砖的发展简史

 **土坯砖**

土坯古时称为"墼"，即未烧之坯。时至今日，甘肃省大部分农村地区仍将土坯称为"墼子"；在陕西关中、河南豫西、山西晋南农村称土坯为"胡

墼",也许因为土坯是来自西边,故称谓前加"胡"字,如同"胡萝卜、胡服"等;而山西省北部农村则称土坯为"网墼"或"望墼"等。总而言之,土坯这一器物概念在我国由来已久,土坯建筑在我国也是源远流长。

几乎与烧结砖"雏形"出现的同时,很可能先民们从土夯墙的筑墙方法中得到了某些启发,而发明了土坯墙建筑。土坯墙建筑与红烧土块建筑出现的时间几乎是同时的,但总体上说也许要晚一些。下列古遗址发掘的实物也证明了这种推断:

2002年在湖北应城的门板湾遗址首次发现新石器时代院落式房屋。门板湾先民早在5500年前就在富水河边台地上建房,在一处400多平方米的建有围墙的院落里,房屋为四室一厅带走廊结构,四室呈一字形排列,各房之间有门相通。这是我国迄今已知年代最早的土坯房屋建筑。厚度38~55厘米的土坯砖墙体,以红黏泥为灰浆,采用我国至今沿用的条砌与侧砌结合技术,形成错缝,牢固性好。用黄白色涂料粉刷的墙体和室内居住面平整光洁,局部可见编织物铺垫痕迹,当为远古人类"席地而坐"之"席",展示了江汉先民高超的建筑技艺和同时代较高的生活水平。

据兰州新闻网2005年1月16日报道:在四坝文化的东灰山遗址发现有晒干的土坯砖。位于河西走廊的四坝文化,是中国当时分布最西的以农业为主

土坯砖墙

的古文化，如此一来，它就顺理成章地最早接受到西来的文化技术。甘肃这块历史悠久的土地，成为东西方文化率先的汇合处，闪发出东西方文化最初接触的火花，照亮了朦胧初现的丝绸之路。位于河西走廊的四坝文化，其年代与中原地区的夏代相当，距今 4000 年左右。

据文献记载及考古发掘实物证明，在夏代早期，距今 4200 年前，屋墙已普遍使用土坯砖，砖的形状有长方形、方形及三角形多种，墙外表有的涂抹草泥。龙山文化（距今 4000—4600 年，是我国新石器时代晚期的一种文化，因最早发现于山东济南附近的龙山镇而得名）遗址中，迄今没有发现大型房屋建筑，但从大量的小型房屋基址来看，已知道当时房屋的类型比从前复杂，种类多样化了；特别是建筑技术有较大的进步，如土坯墙的出现。现知河南永城王油坊、汤阴白营、安阳后岗和淮阳平粮台遗址等地都发现了用土坯砌墙的房子，上海福泉山和浙江余杭大观山果园等良渚文化遗址中更发现了烧过的红色土坯或砖。王油坊、白营和后岗的土坯都没有固定的规格，一般长 20 ~ 50 厘米、宽 15 ~ 38 厘米、厚 4 ~ 9 厘米。土坯用深褐色黏土制成，内夹少量小红烧土块。这显然是和泥制坯并晒干后才使用的。砌墙的方法是错缝叠砌，用黄泥粘接。用这种土坯砌筑的都是村落中的一般房屋，往往是圆形的单间小屋。平粮台的房屋是做在城内的，有台基，每栋房分为若干小间，有的室内甚至设有走廊，比一般村落中的房屋要讲究得多。这种房屋的土坯也比较规整，一号房的土坯长 32 厘米、宽 27 ~ 29 厘米、厚 8 ~ 10 厘米，四号房土坯较大，长 58 厘米、宽 26 ~ 30 厘米、厚 6 ~ 8 厘米。砌成墙体后在墙面抹草泥。用这种土坯砌成的房子，从外形看已与现代的土坯房没有多大区别。

陕西临潼康家遗址（距今 4000 多年）的房屋基址已发现 100 多座，分若干排，每排房子又分若干组，每组房子少则两三间，多则五六间。居住面多抹白灰，也有用胶泥或草筋泥的。房屋前墙有的用土坯或草泥，其余三面墙则用夯土筑成。康家遗址的土坯长约 39 厘米，宽 34 ~ 36 厘米，上下 7 层，东西 8 块，共 56 块。土坯的砌法同现代砌砖法类似，用黄泥砌筑，相间压缝。

河南淮阳平粮台遗址（距今 4300 年）中发现的房屋均为长方形分间房屋，全用土坯砌成，与一般村落多圆形单间用垛泥墙砌的风格大不相同。如四号房基有一长 15 米多、宽 5.7 米、高 0.72 米的台基，在台基上用土坯砌墙。房屋分为四间，北边有一宽 0.92 米的走廊。此外还发现了 4300 年前的地下陶质排水管道。这座城专门设立了门卫房，门卫房用土坯砌成，东西相

对，两房之间的通道宽仅 1.7 米，便于把守。

从考古发现的实物分析，我国使用土坯砖至少已有 5500 年以上的历史。也就是说，炎黄以前"天下万国"转向"部落联盟"，农耕文明便已经出现了。土坯制作，可就地取材，摔打成型，不经烧结便可使用，省工省时，但也有不防淋漓雨水的弱点。但它仍与烧结砖同出一源，除未经烧结以外，其舒适度与烧结砖有异曲同工之妙。土坯房的建筑发展，同样绵延数千年，至今在云南边寨的一些乡村，用牛工踩泥、范模成型、自然干燥的土坯房，仍然大量存在。一位日本建筑专家曾说过："要说建筑的舒适度，莫过于中国云南的土坯房。"

知识链接

砖雕之美

（1）瓦当之美。秦汉瓦当上的走兽雕刻栩栩如生，秦朝时的条砖与铺面砖拓印令人驻足。汉砖表现的题材则更为丰富，有盐场画像砖、射猎画像砖和庭院画像砖，形象地再现了当时劳动者的劳动场景与建筑的特点。

（2）门楼之美。平遥古城的砖雕门楼，气势宏大，古朴雅致。在奎星楼与城隍庙上的玻璃瓦饰件五彩缤纷，而乔家大院也用多宝砖雕饰门楼。在五台山，建于唐代的佛光寺与南禅寺，其砖瓦雕刻显示了当时艺人们的独具匠心。山西晋商的大院都爱用砖瓦装饰，门楼、门楣、门额更是十分讲究，如垂花牌楼与垂花大门，庄重而颇显气派。杭州胡雪岩故居前的门楼，造型独特，精致华丽，既无一般商贾的俗气，也没有巨富之家霸气，更多的是显出了杭州的灵气与书卷气。江西婺源的砖雕门楼上可见到浅浮雕工艺，足见门楼亦为一景。值得一看的，还有苏州东山雕花楼门楼，苏州网狮园门楼与上海豫园门楼，各具特点。

（3）套兽之美。套兽处于房顶的最高处，俗称"望风"。汉代时已开始使用，至唐宋技法已经十分精娴。雕刻的走兽，有龙、凤、狮、海马、斗牛、麒麟、狻猊及双鱼等这些走兽雕刻运用圆雕手法，立在瓦片上，象征了威严与吉祥。在山西五台山佛光寺、广东佛山祖庙、江苏镇江金山寺、广州陈氏书院的屋檐上，都有这些雕刻。所雕走兽或人物凌空而立如一幅立体的剪影图，十分悦目。

（4）镂窗与照壁之美。墙上有了窗子，便产生了流动的气韵。站在镂窗里朝外望，窗外的景致迷离恍惚；站在镂窗外朝里望，窗内显得隐隐约约，仿佛是一个隐秘的世界。因此，雕花镂窗形成了实墙上的"虚空"。其造型有八角、瓶形、菱形、蛋形、扇形等形状，砖雕用水磨青砖刻花押条形式，平添了镂窗的美感，为古典建筑园林与江南民居所常用，这在园林中随处可见。照壁，是在面对大门的一堵墙上用砖雕巧设图案。在北方，照壁又称影壁。在山西晋商大院前大都有独立的照壁，在内院又有照壁。照壁仿佛一张白纸，砖雕吉祥图案，清雅古朴。山西五台山文殊殿大乘门前有一照壁，壁上双龙对舞，栩栩如生，显示了砖雕艺术的精美与华丽。

秦砖

2006年8月，考古队发现陕西省凤翔县豆腐村遗址是战国早期向秦故都雍城提供砖瓦类陶质建材的作坊，早期的秦方砖也首次被发现。这种砖又厚又重，不规格，没有足够的承重力，多数在烧制过程中出现了变形和开裂，这是秦砖的最初形态。后来，经过劳动人民的不断改进，

秦砖

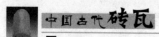
终于烧出了震古烁今的秦砖，被世人誉为"铅砖"。

秦始皇陵园及周围遗址出土的秦砖，陶土多取骊山泥土，因泥土本身含有多种矿物成分，经烧制后十分坚固耐用，因而有"铅砖"的美称。

秦砖颜色青灰，质地坚硬，制作规整，浑厚朴实，形式多样。

秦砖有如下种类：

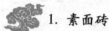

1. 素面砖

用于铺地，也称铺地砖。

2. 花纹砖

砖上有绳纹、菱形纹、回纹、圆形纹、"S"形纹和云纹等。

绳纹是陶器的装饰纹样之一，是新石器时代至商周时期陶器最常见的纹饰。其制作方法是在陶坯制好后，待半干时，用缠有绳子的陶拍在陶坯上拍印，留下绳纹，再入窑焙烧。

其他花纹砖的制作过程是先将要表现的题材刻在印模上，然后将印模打印在未干的砖坯上。印模如果是阴纹，打印在砖坯上的就是阳纹；印模如果是阳文，打印在砖坯上的就是阴纹。

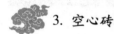

3. 空心砖

体积庞大、内部空而不实，又称空腹砖、空砖、圹砖、郭公砖、琴砖和亭长砖。最多的是长方形砖，也有门楣砖、支柱砖和三角形砖等。空心砖外印各种纹饰，阴纹的空心砖花纹个体较大，分布松散，线条流畅，内容有卫士、虎、朱雀、飞雁等；阳文的空心砖花纹个体较小，排列紧密，内容有舞乐、骑射、田猎等。阴纹的空心砖比阳纹的空心砖出现得早。

总之，除铺地青砖为素面砖外，大多数砖面饰有太阳纹、米格纹、小方格纹、平行线纹等。用于台阶或砌于壁面的长方形空心砖，砖面模印几何形花纹，或阴线刻划龙纹、凤纹，有的还有射猎、宴会等场面。

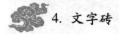

4. 文字砖

砖体上印有文字。如"秦小篆体十二字砖"，为铺地砖，长 30.8 厘米，宽26.7厘米，厚4厘米。此砖正面以凸线分为12个方格，每格内有一阳文秦篆，文字是"海内皆臣，岁登成熟，道毋饥人"，其意是普天下的人都是秦朝的臣民，五谷丰登，路上见不到饥饿之人。这是秦朝都城的宫殿用砖。

 5. 画像砖

画像砖几乎都是宫殿建筑用砖，多为巨大的空心砖和条形砖，主要用作宫殿的台阶，其中以秦旧都栎阳和秦都咸阳出土的画像砖最为精美。

据有关科研单位测定，秦砖抗压强度达每平方厘米4560牛顿，是一般砖的两倍。

起初，秦代以前砖的应用还很不普遍，砖上有花纹，具有装饰性，大都用在宫殿、墓葬等方面。

秦末汉初，砖的使用多了起来，其用途也由装饰作用向承重作用转变，构筑城池、建造房屋都开始大量用砖了。

 **汉砖**

汉砖除素面砖之外，还有画像砖、花纹砖、文字砖。

 1. 画像砖

画像砖是一种表面有模印、彩绘或雕刻图像的建筑用砖，形制多样，图案精美，主题丰富，深刻反映了汉代的社会风情，是中国美术发展史上的一座里程碑。这些砖上绘有楼阁、桥梁、车骑、仪仗、乐舞、百戏、祥瑞、异兽、神话、故事、奇花、异草等，内容丰富，画技古朴，成为研究我国汉代政治、经济、文化、民俗的宝贵文物。

画像砖始于战国，盛于两汉，被誉为"敦煌前的敦煌"。

总之，画像砖是研究中国文化

画像砖

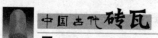

艺术、生产科技、民俗风情的重要文物资料,极具研究价值,是极为重要的艺术瑰宝。

画像砖的形制有两种,一种是40厘米见方,一种是长45厘米左右、宽25厘米左右的长方形。

画像砖盛行于两汉,多用于墓室中,有的则用于宫室建筑上。画像砖主要用木模压印,然后烧制而成,也有用手工在砖上刻出纹饰的。画面的表现形式有浅浮雕、阴刻线条和凸刻线条。有的上面还有红、绿、白等颜色。多数画像砖为一砖一个画面,也有上下两个画面的。画面内容非常丰富,不仅是美术作品,也是记录当时生产、生活的实物资料。

东汉时期,基于对于孝的重视,厚葬成风,人们纷纷为逝者建造奢华的画像砖墓。汉代墓砖的形状有以下几种:

(1)条形砖:即人们通常见到的长方体砖。

(2)楔形砖:两侧厚度不等的砖,两正面为长方形,两侧面为等长不等宽的长方形,两端面为等腰梯形。因端面形状如木楔,故名。

(3)梯形砖:两侧长度不同的砖,两正面呈等腰梯形,两侧面一长一短,两端面长度相等。

(4)方形砖:两正面为正方形,其余四面都是相同的长方形。

(5)盒子砖:剖面为工字形,是一种形状特殊的小型空心砖,长26厘米,宽13厘米,厚11厘米。

(6)榫卯砖:砖的两端不是平面,而是分别有一个凸起和凹陷的部分(榫和卯),使用时一砖的榫套另一砖的卯,彼此相互契合,以免坍塌。采用榫卯结构的砖有条形砖、楔形砖和梯形砖数种。

(7)双体砖:正面不平,有一条中线,砖体沿中线分为相连的两半,一半高,一半低,高度差为1~2厘米。这种砖在使用时必须同向,彼此承托。

汉画像砖种类繁多,反映了劳动人民的聪明睿智和制砖工艺的高超水平。

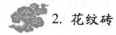

2. 花纹砖

花纹砖有植物纹、云纹、火焰纹、宝相花纹、几何纹等,纹饰丰富,多种纹样常配合使用,具有很高的审美价值。

在汉宣帝杜陵遗址出土的砖瓦建筑材料中,有方砖和长条砖,纹饰为几何纹和小方块纹。铺地用的基本上都是方砖,铺在斜坡道上的方砖有的是素面砖，有的带几何花纹。有趣的是有的花纹砖铺在地上时花纹朝下，这样与地面接触可以牢固些。在杜陵廊道发掘的砖大部分都是花纹朝下，开始时人们都以为是素面砖，揭起来之后才发现都是有花纹的。上坡处都是花纹朝上，人走在上边时摩擦力大，不易滑倒，容易攀登。花纹砖基本上就这两种，汉代的方砖花纹种类比较少，而空心砖的纹样比较多。

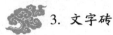 **3. 文字砖**

文字砖上有纪年、吉文、名号，其文字有篆、隶、楷等多种形式。

2008 年 3 月，内蒙古文物考古人员在和林格尔县新店子村发掘出 6 座汉墓，在其中一座墓地内发现一块刻有"宜子孙、富番昌、乐未央"9 个字的文字砖，约 24 厘米。

"汉十二字方砖"，出土于西安，上面的铭文是"延年益寿，与天相侍，日月同光"。

隋唐砖

隋、唐时期（581—907 年）是我国砖瓦业发展的又一个重要时期。这个时期砖瓦的应用范围逐步扩大。从唐代大明宫、渤海上京宫殿遗址中，可发现台基除临水建筑使用木结构的柱、枋、斗拱等外，一般建筑均用砖、石两种材料。城市相继用砖、土、石灰等筑城。砖墓不断增加，唐代钦陵、顺陵等都是用砖砌内室。仿木塔的砖塔也逐渐增多。如西安兴教寺玄奘塔、香积寺塔，都是成功地用砖代替木材建塔的例子。宫殿开始用花砖铺砌地面。阙的表面用贴面砖装饰。这个时期制瓦技术有了突破。隋开皇时，能以绿鳌为琉璃，随后推广，施之屋面，代刷色、涂朱、髹漆、夹纻诸法，应用到宫殿建筑上。灰瓦、黑瓦和琉璃瓦成了当时重要的屋面材料。灰瓦用于一般建筑上，黑瓦和琉璃瓦用于宫殿和寺庙建筑上。到了唐代，琉璃釉料

唐砖

的配方和工艺又有了重大的进展，产生了闻名于世的黄、青、绿"唐三彩"。大明宫遗址出土的琉璃瓦以绿色居多，蓝色次之；渤海上京宫殿的柱础用绿色琉璃构件镶砌。琉璃瓦质地坚实，色彩绚丽，造型古朴，富有传统的民族特色，当时虽为数不多，且仅用在宫殿建筑的屋脊和檐口部分，但已在古代建筑材料中放射出夺目的光辉。

该时期用砖有条砖、方砖、花砖和兽面纹砖多种。

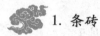 **1. 条砖**

一般砖长 31～38 厘米，宽 14～17.5 厘米，厚 5.3～7.5 厘米。砖表面有光面和绳纹，也有砖坯制成后捺一个手印，这是唐砖的一个特点；还有捺有窑名、年号或工匠人姓名戳印的砖。

 2. 素面方砖

这种方砖分大小二式：小型砖边长为 35 厘米，厚 7 厘米；大型砖边长为 50 厘米，厚 9 厘米。砖表面平整光滑，经过磨制，背面为绳纹。大型砖表面磨光呈漆黑色（即为青棍），小型呈灰色。制作时采取上（光滑面）大下小的规格，这样铺地非常严密。

 3. 花纹方砖

这种方砖边长为 32～35 厘米，厚 7～8.5 厘米。纹饰有莲花、忍冬、蔓草及方格纹中印有四叶纹者，其中以莲花纹居中四角配以蔓草纹最多。此外在含元殿遗址还发现有蝶纹方砖、浅绿釉莲花砖和葡萄鹿纹、蔓草兽纹方砖，麟德殿发现兽面纹砖和鸱吻。

明清金砖

明代的北京是在元大都的基础上改建和扩建而成的：外城东西 7950 米，南北 3100 米；内城东西 6650 米，南北 5350 米；皇城位于内城的中心偏南，东西 2500 米，南北 2750 米，主要建筑是宫苑、庙社、寺观、衙署、宅第等，使用砖瓦的数量也是相当惊人的。北京故宫是从明永乐五年（公元 1407 年）

起，经过 14 年时间建成的一组规模宏大的宫殿组群。就使用的砖瓦而言，铺地的方砖来自江苏苏州，制瓦的陶土取于安徽太平，琉璃瓦和其他琉璃制品则由"官窑"——西窑等专门承制，对质量的要求是非常严格的。此时，已出现全部用砖拱砌筑的建筑物穹隆无梁殿（国内现存多处，如四川峨眉万年寺等），多作为防火建筑，如皇室的档案库、佛寺的藏经楼等。

金砖的名称来历有两种说法：

其一，大型铺地方砖系澄泥制成，质地坚硬，敲打时有金石之声，故称"金砖"。金砖规格分为 56.6 厘米、66.6 厘米、73.3 厘米，厚均为 7.75 厘米。由于它系"钦工物料"，为皇家所用，所以地位特殊，加之严格的选料，精细的加工，使之烧成后颜色纯青，敲之声音悦耳，断之无孔，平整如镜，细如端砚，因此身价百倍。

其二，由于它做工精细，是砖中极品又为皇家专用，所以人们称之为金砖。另据清内务府造办处"各作成活计"档案中记载：此器物又称作"津砖"；另一种说法为，这种砖只能运到北京的"京仓"供皇宫专用，因此也叫

明代城墙砖

"京砖"，逐步演化，变成了"金砖"。

金砖创制年代无考，但据有关文献记载，金砖在明代已大量生产制造了。到了清代的乾隆年间，质量和数量都达到了高峰。明代主持制砖的工部郎中张问之所写的《造砖图说》记载："凡七转而后得土，六转而成泥，阅八月而成坯，凡百三十日而后窨水出窑。必面背四旁无燥纹，无坠角，叩之声震清者，乃为入格。"在《造砖图说》中还可看到，"入窑后要以糠草熏一月，片柴烧一月，棵柴烧一月，松枝柴烧四十天，凡百三十日而窨水出窑"。这就是烧制"金砖"的过程。据有关文献记载，一块"金砖"的造价，工本银九钱六分，相当于当时一石米的价钱。明朝嘉靖年间这样的砖共烧了 5 万块，花了 3 年时间，平均每天只能造 5 块（绍兴地方志）。砖制成后，经过几千里的遥远路途，运输到北京。到铺墁时，工艺要求更为严格。首先进行砍磨砖加工，以使墁后表面严丝合缝，即所谓"磨砖对缝"。然后抄平、铺泥、弹线、试铺，最后按试铺要求墁好、刮平，浸以生桐油，才算完成。清代官书《工程做法》上规定，砍磨二尺金砖每一工只能砍三块。而墁地时每瓦工一人、壮工二人，每天只能墁五块。其他运输等杂工尚不计在内。因为皇家工程是不能停工待料的，所以从制坯到烧制成砖，从运输到使用每个可能出现问题的地方都要估计到。为了保证质量和施工用量，往往工程上用一块砖同时要多制六至七块砖。清乾隆年间烧制质量最好时，也要 1：1，大型砖要 1：2。也就是说不同规格的砖，为保证工程需要最少也要一至二倍地烧造。据《天工开物》、《造砖图说》等书记载，造砖过程分为：选土、澄浆、练泥、制坯、阴干、入窑焙烧、窨水、出窑分检八道工序。每个工序又有详细分工，如选土分捶、晒、舂、磨；澄浆分淘、晾、踩踏……入窑烧制得用细火熏烧，仅烧制的时间就得 130 天。成砖后还得用油浸，前前后后需两年时间完成。例如亲临陆墓看到制坯的张问之在《造砖图说》中写道："平板盖面，两人足立其上，研转而坚固之。"砖坯制好后，需在室内竖立排放，坯与坯之间以拳头大之泥球相隔，保持通风阴干。

据考证，明代建文四年（1402 年），燕王朱棣破都（南京）夺得帝位，年号永乐。为迁都北京，起用著名香山建筑师蒯祥，于永乐四年始建故宫（紫禁城），至永乐十八年（1416 年）成，前后用了 14 年。据史载，蒯祥造故宫，小砖瓦取自山东临清窑，铺地用大金砖则由家乡陆墓的砖窑烧制。自此，陆墓烧砖窑受辖于工部。最早记载此事的地方志是明代王鏊的《姑苏志》："砖窑，出齐门外六里陆墓镇，工部兴作。"现在故宫太和殿、中和殿、保和殿里的铺地金砖，大多是明朝烧制的。生产砖的陆墓御窑位于古城苏州东北的御窑村，御窑村原名余窑村。因余窑土质优良、做工考究、烧制有方，所产砖特别细腻坚硬，"敲之有声、断之无孔"，被明永乐皇帝赐封为"御窑"，但此说不可考。"御窑"之说始见于清代以来的各朝方志，至今御窑村尚在。古老的金砖烧制工艺极为复杂，成品是否合格，不是客户自己说了算，而是先由地方官员检验，要达到"断之无孔，敲之有声"。清乾隆四年（公元1739 年），江苏巡抚张渠在奏折中说："钦工物料，必须颜色纯青，声音响亮，端正完全，毫无斑驳者方可起解。"这个标准，其实还只是初验，可以装船运输罢了。真正验收合格是要到了京城才算数的。几千里路，往返一次，至少数月。随船去的窑户，家中老小心胆悬口，等得急不可耐，既要担心质量是否过关，弄不好在北京吃官司，更要担心往返途中是否一路顺风，因此三天两头就要去河边眺望，现在苏州的御窑村就还有一座"望郎泾桥"为证。

古代瓦当与古砖

由此，我们不难看出，一块金砖从选泥到烧成，最后铺墁在宫殿上，要经过多少人的手，花费多少人工，又凝聚着多少劳动人民的血汗和智慧！当我们想到这些时，骤然明白，这才是"金砖"的正式解读。陆春法《陆墓御窑金砖今昔》中介绍："据说烧制一块责任金砖，需配用2块砖坯烧制，选择其中一块好的解京，因而在陆墓留下的明清金砖，大多数是残破或未烧透的，完全好的不多。只是光绪和宣统年间的金砖来不及选送，留下的较多。"事实也是如此，我们今天在民间看到的遗存金砖，大多有点瑕疵。清《工程做法》也记载，宫殿用的铺地金砖（细泥精制砖），在苏州附近专门设厂烧造，正副砖一式两份，一份留做备用。在制造过程中监造官员、地方官员、窑户还必须盖上戳印，以明确责任。

烧制金砖的御窑于光绪三十四年（1908年）停产。20世纪80年代末，在失传70多年后，苏州陆墓御窑村开始抢救金砖烧制工艺时，已只能靠窑户世家祖辈口述流传下来的经验。经过多年努力，这一传统工艺终于被"复活"，1990年，北京故宫维修时曾首次用上新烧制的金砖。

中国在2400多年以前的春秋时期，已用砖铺地，这一方法一直沿用至今，已成为中国古代建筑中的一个传统方式。从上文叙述中可看到，从春秋战国、秦时期的绳纹铺地砖、网格纹铺地砖，唐代的莲花纹铺地砖，到宋、明、清时期的铺地"金砖"，都是在随着时代的发展，其质量和功能在不断完善，明显地带着时代文化、经济的烙印，同时也体现出中华民族数千年连绵不断的历史文化的传承。虽然金砖创制年代无考，但根据北魏平城（大同）遗址出土的漆黑发亮的铺地方砖分析，我国很早就有了类似明清时期的"金砖"。

知识链接

画像砖的题材分类

从出土的情况来看，画像砖不同的题材大约有50种，大致上可划分为五种内容：

（1）反映汉代农业、副业、手工业以及商业的，像是收割、播种、酿酒、桑园、盐井、市井、采莲等为主题的画像砖。这一类型的画像砖，内容丰富，研究价值很大。像成都羊子山一号墓出土的"盐井"画像砖，细致入微地刻画了汉代井盐生产的状况。画像砖上的盐井，安置一个提取盐卤的滑车；盐卤恰好通过架设着的竹枧，慢慢地流向烧着火的铁锅之中。可以说这些画像砖是研究古代盐业史极为难得的实物资料。

（2）表现墓主身份或者经历的，像是车骑出巡图、丸剑起舞图等。画像砖的墓主大多数为当地的显贵豪强，像是桓宽在《盐铁论·刺权》中所说："贵人之家，云行于涂，毂击于道……中山素女，抚流征于堂上，鸣鼓巴俞，作于堂下。妇女披罗纨，婢妾曳绨纻。子孙连车列骑，田猎出入，毕弋捷健。"这种类型的画像砖所表现的内容，和文献记载相符合。

（3）体现当时社会生活与政治制度的，像是那些以市集、杂技、讲学授经、尊贤养老等作为主题的画像砖。张衡在《西京赋》中曾经描写过当时的杂技表演壮观场面："临迴望之广场，陈角觚之妙戏。乌获扛鼎，都卢缘橦，衔狭燕濯，胸突铦锋，跳丸剑之挥霍，走绳上而相逢。"这些，在画像砖上都可以寻找到印证。又比如"讲学授经图"，生动形象地塑造了博士、都讲以及学生上课时的情景，汉代的教育体系，在这里可以找到其梗概。

（4）表现墓主生前生活享乐的，像是那些宴饮、庖厨、乐舞、庭院、百戏等画像砖。这也从某个角度集中反映了汉代的建筑以及民俗风情等的实际情况。

（5）表现当时神话传说与迷信思想的，像是那些伏羲、女娲、日月、仙人六博等的画像砖。

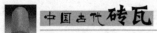

第三节
古砖的制作程序

 **选土**

制造砖雕用的水磨青砖，在泥土的选择上要选择黏而不散、粉而不沙的为好。否则即便成砖了，也不能用于雕制精细的作品。

澄浆

这道工序，不是每个地区都需要的，土质较沙地区取出的土，需要先用水调和。在注入大量的水调成稀糊状，洗练出泥浆糊后，再予以沉淀，并排除多余的水，这样便得到了质地细稠的生泥。

练泥

练泥为制砖程序中最关键的步骤之一，许多地区都借人畜之力进行踩踏将泥练熟。以苏州陆慕镇制"金砖"为例，当地练泥时，使用人力用脚踩踏。他们将采来的上好黏土一片一片地扦碎（有点像做刀削面的样子），再把扦碎后的泥和在一起用脚踩（很多时候是几个人勾搭住彼此的肩膀，站成一排在练泥场上踩泥），直到把烂泥彻底练熟。用脚踩是为了把握好练泥的软硬度与柔和度。

土坯

成坯

把练熟后的烂泥制成一定规格的砖坯，如"金砖"是一块块的大方砖，有各种尺寸的。由于其体积不小，且全过程都需要用手工来完成，故一个工作日能抟制（像揉面团式的揉捏制坯）出来的砖坯数量有限。

阴干

制好的砖坯要放置在密闭的环境中阴干。如果是在风口下风干，或在日头下晒干，都会在砖坯本体上造成水分挥发得不均匀，从而形成砖坯内的暗伤，烧制后容易出现裂缝，或容易在一块砖上造成硬度不均匀的状况等。

烧制

砖的烧制分柴窑和煤窑，烧制砖雕用砖通常以柴窑为多。在点火后，火候与济水相当讲究（这有点类似金属工艺中的淬火），济水的时间早晚与济水量的多少，会影响到最后砖的成色与硬度的不同。砖色以灰为主调，但在灰

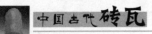

色中有偏青、偏黄、偏白等多种，其中以青灰色为上佳之色。以青色砖为例，色深的比色浅的硬度要高。砖入窑时的堆放也有一番讲究，贴近窑炉的四壁放置普通建造房屋用的砖瓦，而只在炉中间的部位放置质地要求高的砖雕用砖坯。烧成后起窑，便可得到敲击能发出清脆声响的青砖。

《天工开物》中的制砖工艺

《天工开物》对于制砖有详细的描述。这里引用其部分文字与插图，供大家了解。

砖：凡埏泥造砖，亦掘地验辨土色，或蓝或白，或红或黄（闽、广多红泥；蓝者名"善泥"，江浙居多），皆以黏而不散、粉而不沙者为上。汲水滋土，人逐数牛错趾踏成稠泥。然后填满木框之中，铁线弓戛平其面，而成坯

泥造砖坯图　摘自《天工开物》

砖瓦济水转釉柴窑图　摘自《天工开物》

形……

　　凡砖成坯之后，装入窑中。所装百钧则火力一昼夜，二百钧则倍时而足。凡烧砖有柴薪窑，有煤炭窑。用薪者出火呈青黑色，用煤者出火呈白色。凡柴薪窑巅上偏侧凿三孔以出烟。火足止薪之候，泥固塞其孔，然后使水转釉。凡火候少一两，则釉色不光。少三两则名嫩火砖，本色杂现，他日经霜冒雪则立成解散，仍还土质。火候多一两则砖面有裂纹，多三两则砖形缩小拆裂，屈曲不伸，击之如碎铁然，不适于用；巧用者以之埋藏土内为墙脚，则亦有砖之用也……

　　烧砖的这一整套工艺，不是人们一开始就掌握的，而是人类在长期的生活实践中，在制陶的基础上，以及在建筑技术发展和审美情趣的需求上逐步完善起来的。

在制陶方面，仰韶文化时期烧制日用陶器的窑场，多集中在居住区域的外侧，为全氏族所共有。这时的窑也很小，直径一般在0.8~1米，只能烧少数陶器，窑的构造也简单，所制陶器绝大部分为红色或红褐色，硬度不大，质地也较松。到了龙山文化时期，窑址则较为独立地建造在靠近制陶家的住房旁边，此时的窑室容积比之仰韶文化时期有了发展，火膛加深了，而支火道和窑箅孔眼的增加，使得火力大而布热均匀；另外加封窑的严实性也有所提高，并在最后阶段采取灌水方法，令陶坯中的铁质还原，制成比红陶、褐陶硬度更大的灰陶

煤炭烧砖窑图　摘自《天工开物》

以及黑而光亮的蛋壳陶。制陶技术的发展为后来建筑用的陶质材料——瓦、砖、井筒以及排水沟管的出现，准备了条件。

第二章

画像砖：砖面上的诗情画意

画像砖是中国古代用于装饰宫殿或墓壁的一种表面有图像的建筑用砖。常常用模印的方式表现花纹图案及其艺术形象，其表现形式和艺术效果具有雕刻和绘画双重艺术特征，故称之为"画像砖"。一般认为始于战国晚期，盛于汉代。三国两晋时期继续流行，具有很高的成就。

第一节
烙在砖土上的沧桑

认识画像砖

　　画像砖是一种表面有图像的墓葬特殊建筑材料。画像砖集雕刻与绘画为一体，是为我国丧葬礼俗服务的独特的艺术形式；一般用来构筑墓门或嵌于墓室作装饰；题材广泛、内容丰富，能够反映古代生活的方方面面。画像砖就像古代社会的一幅幅生动的风俗画，是研究古代政治、历史、经济和文化艺术最为可靠的图片资料。再加上图像精美，还附有各种颜色，装饰效果极佳。画像砖与画像石相比较，画像石属于鸿篇巨制的多情节内容的大构图；画像砖则近似后世的册页、斗方形式的小构图，大多显得小而精悍，具有很

汉代画像砖

好的艺术鉴赏价值。加上画像砖体积小、重量轻，原作和拓片一样便于收藏。除此之外，因为其独特的制作方法，许多作品往往都不是孤砖单版，在收藏和鉴赏方面比画像石更为方便。

　　我国自古以来就有厚葬之风，至汉代尤甚。在儒家思想中，孝占有重要地位。汉代人崇尚孝道，汉朝推行以孝治天下，把"孝"作为维系家庭关系的基石。汉代人的"孝"主要表现在两个方面：一是对老人日常饮食生活的照料；二是对厚葬的重视。汉代提倡厚葬的原

因还在于，汉代人具有灵魂不灭的观念，以为"人死辄为神鬼而有知"，认为活人需要的，死人也需要。许多汉画像墓都是仿阳宅建筑，有前大门、中大门、前室、主室等，有些还有车库。汉代人还认为，厚葬与子孙后代昌盛有关。上至皇亲贵戚，下至一般地主，无不崇尚厚葬。如汉武帝即位后的第二年便开始为自己修建陵墓，历时50余年，陵园规模宏大，极其豪奢。有了厚葬风气，便会产生大型的墓室。有了很多大型墓室，自然会需要很多建材用砖。为了追求墓室建筑的精美环境和艺术气氛，墓室之中的建材就有可能被改进和美化。其中对墓室用砖的美化装饰，则导致大量画像砖的出现。据目前考古的数据可知，我们已发现10万块左右的画像砖。

 画像砖的类型

画像砖按类型与用途可以进行一下分类。

 1. 从用途上划分

（1）建筑用砖。

汉代以前和西汉初期的画像砖多属于此类。清代建筑上大量出现有花纹或图像的砖雕。

（2）墓室用砖。

墓室画像砖是西汉中后期、东汉时期和魏晋南北朝时期的画像砖。目前我们常常谈及的画像砖一般多为墓室画像砖，可能是因为在岁月风雨与战争水火中坍塌殆尽的原因吧，地面上的古代建筑保存至今很难，而古代墓室建筑用砖则多有幸保存下来。清代用在建筑上的画像砖一直被称为"砖雕"，以前并没有人做这方面的联想。

2. 从画像砖砖型的种类划分

从画像砖的砖型可以划分为以下几种：
（1）圆形空心画像砖；
（2）长条形空心画像砖；
（3）长条形实心画像砖；

（4）方形空心画像砖；

（5）中字形实心画像砖；

（6）异形实心画像砖。

汉代以前的画像砖艺术

秦代至西汉初期，画像砖是一种建筑装饰构件，多用于装饰宫殿、衙舍的阶基。秦代的画像砖有模印和刻画两种制成方法，形状可分为大型空心砖和实心扁方砖两类。如现存在陕西博物馆的《侍卫·宴享·涉猎纹》画像空心砖，是现存的秦代空心砖的代表作品。

汉代画像砖艺术

汉朝是中国封建制度确立后第一个大发展、大繁荣的朝代，疆域广阔、人口众多、经济发达、厚葬成风，为后人留下了丰富的文化遗产。仅目前发现的汉墓就有数万座，其中出土大量的随葬器物，品类繁多，表现内容广泛，可谓汉代社会的"百科全书"。

其中，流行于汉代的画像砖墓是一种地域性较强的墓葬，主要分布在河南省和四川省。这些墓葬因用了大量画像砖而得名，是叹为观止的汉代文化宝藏之一。汉代砖墓包括空心砖墓，空心砖、小砖混合结构墓，小砖墓等。

现已出土的画像砖有：

陕西画像砖——汉武帝前后时期——时间最早。

河南洛阳画像砖——西汉中期、新莽时期。

河南郑州画像砖——西汉晚期、东汉早期。

河南南阳画像砖——西汉中晚期、东汉晚期——时间跨度最大。

四川画像砖——东汉早期、东汉晚期。

河南许昌画像砖——东汉晚期、魏晋。

汉代以后的画像砖艺术

汉代以后，魏晋南北朝时期，画像砖继续流行，且风格与技法日益成熟。

在河南郑州市出土的南北朝时的画像砖，雕法成熟，设色艳丽，是非常精美的画像砖作品。另外，在浙江等地，还发现不少南北朝时期的花纹砖。

魏晋南北朝以后，虽然没有大规模的画像砖，但也不断有零星作品出现。直到清代时，这种有花纹的"画像砖"又重新出现在建筑上，实现了由建筑用砖——坟墓用砖——建筑用砖的一个大循环。

画像砖表现的主要内容

由于画像砖的产地地域、风俗、信仰、经济等各不相同，因此画像砖所表现的内容也不尽相同，但综合起来不外乎以下七种：

1. 天象图

主要表现日月、星辰、天体和穹隆等天象情况。汉代天文和历法取得了惊人成就，关于天体、星象的研究也达到一定的高度，已有了关于太阳黑子的记录，如《汉书·五行记》中有关于黑子最早的记录："日出黄，黑气大如钱、居日中央。"另外有不少天文著作问世，张衡还发明了浑天仪——这说明汉代的天文学已走到世界最前列，历

古代瓦当

法方面的成果也是如此。这些现象在画像砖上也有所表现，也为研究汉代天文、历法提供了直观的形象资料。

2. 祥瑞图

如龟、鱼、鹤、鹿、羊、莲纹、忍冬纹、玉璧、云纹等象征吉祥、避邪类的动植物、图案花纹。所有这些纹样都有明显的象征意义——在各类神灵的保护下生命的永恒、平安和吉祥。

3. 祈求成仙的神兽图

主要表现伏羲、女娲、西王母、日月、灵兽和人物、乘龙、御虎、双龙穿璧等祈愿升天成仙的内容。

这一类型的画像砖都突出了一个主题，就是表现墓主人在神灵和异兽的祐护和导引下登天成仙的愿望。汉代谶纬之学盛行，这种思想的主要特点是用神秘的引喻语言作为神的启示，向人们告示吉凶祸福和治乱兴衰。汉代自上而下的谶纬之风，使迷信思想盛行，表现在画像砖里，则是对死后之事的重视。

4. 表现墓主人身份和生前生活场景图

如车马出行、市集门庭、庭院宅第、迎来送往、尊贤养老、夫妻起居、厨房料理、宴享娱乐、歌舞百戏等家庭日常生活。

汉代社会充满生机，朝气蓬勃，积极进取，表现出一种生机盎然的社会风貌。在各地的画像砖里都把日常生活的场面表现得有声有色，为我们勾勒出汉代社会生动、系列的风情画。

5. 表现生产劳动图

如播种、收割、渔猎、酿酒等日常生产劳动场景。

自西汉建立以来，经"文景之治"的休养生息，以及后来统治者所采取的一系列有利于经济发展的政策，使汉代的生产力大大解放，经济达到空前繁荣，中国成为当时世界上最富裕的国家之一。这一点从汉画像砖表现生产劳动的画面中很容易体会到。

6. 表现政治、军事、社会现象和历史典故图

如讲学授经、争斗礼让、战争场面以及圣贤、忠臣、孝子、烈女等围绕儒教思想为特点的人物故事。

汉代董仲舒以儒家为主，融合各家，再配合阴阳五行，在改造传统思想基础上建立了一个汉代系统精神体系。他认为："天"按阴阳五行的规律来显

示其所谓"大道"，而五行的次序与人间的政治伦常、社会制度相配合——也就是说皇帝既是"天"的代表，理所当然地高居万民之上；同时皇帝也受五行秩序支配，违背之也会受到惩罚。在这一思想的影响下，汉代的政治、经济、军事、社会各方面都发生了很大的变化，从画像砖的画面上就能很好地折射出汉代"独尊儒术"思想无所不在的渗透。

 7. 园林、建筑、景观植物图

如民居、阙门、庭院、林木、山景等景观类画面。

汉代是我国建筑史上的第一个高峰期，由于雄伟建筑在某种程度上体现出统治者"威震四海"的精神作用，因此，汉代都城的规模更加恢宏，宫殿苑囿更加雄壮和华美。汉代的建筑也受到谶纬思想的影响，楼阁和阙类建筑逐渐增加，并且开始使用成组的斗拱，砖石结构技术正处于迅速发展阶段。西汉

古代瓦当

时期，贵族和富豪喜欢建造富于自然风情的园林。园中重阁回廊、徘徊相连，构石为山、引水为池，并种植花草树木，饲养珍禽异兽。汉代建筑的繁荣在画像砖中很直观地被表现出来，因此画像砖是研究汉代建筑良好的素材。

 画像砖的主要制作技法

画像砖的制作方法概括起来有以下五种：

 1. 雕刻法

就是直接在泥坯上雕刻出图像和纹样。

 2. 压印法

用阳模或阴模在泥坯上压印出各种图像和纹样。有一砖一模的——此印法多见于实心砖；还有一砖多模的——主要用于空心砖上。大型空心砖上连续或组合的纹样，往往是由相同或不同的印模反复和交替压印而成的。

 3. 脱模法

就是直接把泥放在阴刻或阳刻的模中用力拍打夯实，然后翻倒脱模，这样就在泥坯上留下凸起或凹陷的图像和纹样了。

 4. 先印后刻法

脱模后先印制图案，然后再用刻制的手法进行补充制作，以补充印模的不足或增添图案。如洛阳画像砖中的很多阴线刻的画像砖多使用此法。

 5. 先印后塑法

脱模后先印制图案，然后再用泥塑的手法进行补充制作，以补充印模所形成的形象体积等方面的不足。这种方法在画像砖中很少，但艺术效果独特。

 知识链接

仿古砖

仿古砖不是我国建陶业的产品，是从国外引进的。仿古砖是从彩釉砖演化而来，实质上是上釉的瓷质砖。与普通的釉面砖相比，其差别主要表现在釉料的色彩上面，仿古砖属于普通瓷砖，与磁片基本是相同的，所谓仿古，指的是砖的效果，应该叫仿古效果的瓷砖，仿古砖并不难清洁。唯一不同的是在烧制过程中，仿古砖技术含量要求相对较高，数千吨液压机压制后，再经千度高温烧结，使其强度高，具有极强的耐磨性，经过精心研制的仿古砖兼具了防水、防滑、耐腐蚀的特性。

画像砖的历史价值

一定社会的艺术都会从不同程度上反映一定社会的历史，画像砖艺术也不例外。它通过形象的画面、巧妙的构图、独特的视角给我们展现出了一个汉代图画的历史，其历史价值是不言而喻的。

1. 茂陵画像砖

汉代茂陵附近的画像砖中那优美、简约的朱雀形象，工整、端详的玄武从一个细节反映了汉代最强盛时期的气派和从容。咸阳市出土的四神图像也无不张扬着汉代积极向上的时代气质以及自强不息的民族精神。

2. 洛阳画像砖

洛阳画像砖处在西汉王朝从兴盛走向衰微时期，有许多地方反而借鉴了许多青铜艺术严谨的风格。

生动的画像砖

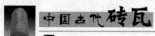
全侧面的门吏被塑造得法度森严，表现了这一时期民族意识的审慎和谨严，精致的画面外框装饰也无不显示着人们对自身的约束。但是，暂时的低潮根本束缚不了大汉民族雄强张扬的个性。无论是洛阳画像砖中的人物形象，还是动物纹样，无不蕴含着强大的势能，像一个没有引爆的炸弹，随时都会爆发出无穷的威力。

 3. 郑州画像砖

这时候人们经历了从西汉到东汉社会的真正动荡，因此画像砖的创作者热衷于梦幻般的幻想，似乎把艺术当作一个精神的避难所。无论是歌舞还是生产劳动都无不在洒脱中透着谨慎，画面也远远没有陕西和洛阳的活泼自如。

 4. 南阳画像砖

此时人们从动荡的社会中重新崛起，凭借着画像砖艺术日益成熟的运势创造了许多恢宏的社会历史画面，为东汉王朝的兴盛提供了有力的图片佐证。

 5. 四川画像砖

四川画像砖凭借着有利的地势，得以避免各种社会政治风潮的冲击，以健康、平静、从容的心态展示出了汉代民风、民俗的社会历史图卷。

汉代画像砖无论从题材、表现内容、表现形式、画面道具、画面装饰等因素，都向人们展示了汉代历史丰富的信息资源，这种资源远比文字记载更形象、更具体、更直观、更生动，更便于人们去研究和认识，因此，汉画像砖的历史收藏价值是非常高的。

当然，画像砖的价值还远不止于此，不同的人，目的不同，从画像砖中所挖掘的资源也就有所不同。当然，这其中的问题是仁者见仁、智者见智的。

第二节
画像砖与其他艺术

画像砖与画像石

画像砖和画像石，名曰画，可展示在我们面前的却是刻像和印象，那么，画像石和画像砖是如何制作出来的呢？

山东东阿芗他君祠堂石柱题记曰："取石南山，更逾二年，迄今完工。使师操义，山阳虾丘荣保，画师高平代盛、邵强生等十余人，价钱二万五千。"

从这些题记和出土画像石上保留的彩色残痕，我们不难看出，画像石是由画师先在经过加工的石板或石块上画出图形，再由石匠雕刻，刻完后再敷彩。但是，令人遗憾的是，由于年代的久远，彩色多已脱落，我们今天看到的只能是无彩的石刻画像了。

画像砖则是用刻有画像的木模，压印在半干的砖坯上，然后再入窑烧成的，出窑后也在画面施以红、绿、橙黄、白等彩绘，从而使装饰效果得以大大增强。惋惜的是，和画像石一样，留传至今的画像砖多已脱彩而露出本色。

因此，我们认为，画像石和画像砖是画刻兼施的石砖艺术，它融绘画与雕刻为一体，既具有造型艺术的时代特点，同时又兼具独特的艺术魅力。

1. 变化多端的雕刻技法

根据画像石和画像砖的图像特点，我们可以将其雕刻技法分为阴线刻、凹面线刻、减地平面线刻、浅浮雕、高浮雕和透雕六种。这些雕刻技法各具特点：阴线刻的作品细腻传神；凹面线刻的作品简洁大方；减地平面线刻的作品凝重醒目，拓片类似剪纸艺术的效果；浅浮雕的作品富丽优美；高浮雕

37

和透雕的作品奇伟瑰丽。

古代石刻艺人不仅熟练地掌握了各种雕刻技法的特点，而且常在一座墓内、一座祠堂中、一对石阙上兼用多种雕刻技法，以展示自己不凡的艺术水平。如山东董家庄画像石墓，门额上的卧鹿用高浮雕，室中立柱施高浮雕和透雕，车骑出行和孔子见老子是凹面线刻，其余图像则皆为浅浮雕。

这些不同的雕刻技法，一方面各有特点，另一方面又具有内在共性，即以线刻为主，即使是浅浮雕、高浮雕和透雕的作品，细部仍

汉代石刻

多以线刻表示。大部分画像石、砖是用刀凿依画稿勾勒物像的轮廓，不着力于局部的构画和细部的刻画，而强调突出物像整体的形似和动势。刀法虽像写意，但形象又是严谨的，因此，画像石、砖的线条常表现出一种内在的张力。如南阳汉画像石上后羿射日图中后羿弯腰拉弓的神态，车骑出行图中奔腾的马蹄，以及象人（古代戴着面具的斗兽人或艺人）斗兽图中犀牛浑身紧张的肌肉，都给我们以弹力的感觉。山东沂南北寨村墓中室画像上历史人物的衣服用很细的线条表示，把衣服刻得柔软飘逸，布的质感极强。该墓中的建鼓，形象非常生动，尤其是羽毛的表现，采用了类似顿笔的刻法，把羽毛的质感及其在微风中悠然飘舞的特征都刻画出来，通过这些线条的变化转折，成功地勾勒出了物像的形象和神态。

 2. 疏密合理的构图

要使图像内容突出、鲜明、生动，除了要准确地使用雕刻技法之外，构图的合理巧妙也十分重要，古代石、砖艺人已深知此点，并且运用得当，或疏或密，相得益彰。

疏简构图的画像石、砖作品，丢弃繁文细节而从大处着眼，舍弃众多人物与情节而集中于一情一事。不用填白和装饰的画面朴实无华，情节鲜明，

主题极为突出。如山东肥城北大留画像石上的虎斗野猪图，除两种动物外，别无他物，让观者的视线集中在动物身上，凝神观其作生死搏斗。再如河南淅川画像砖上的雄鸡图和洛阳西汉画像砖上的佩剑功曹图，虽然用线只有简略的几条，但雄鸡那引颈啼叫的形象和功曹于风雨中屹立不动、处于高度戒备状态中的武士形象还是生动传神地跃然砖上。有少量填白的构图，疏朗明晰，如河南南阳汉画像石上的拜谒图，主人凭几跪坐，左边设一酒樽，樽中有勺，右边二侍吏持戟肃立，其后二人执笏弓腰，拜谒主人。画面上部饰帷幔，使整个画面显得匀称美观，同时也衬托出了主人的尊贵。再如，河南南阳画像石上的羽人飞廉图的空白处，散饰缭绕的云气，衬托出羽人飞廉风驰电掣的动感。

繁密构图的画像石、砖作品，满天满地，不多留白，同时又使画面多而不杂，特别是在画像石作品中，由于对空白处采用不同的充填方法，也就产生了趣味各异的作品。如山东滕州龙阳店画像石上的祥禽瑞兽图和苍山前姚画像石上的狩猎图，并未另加填白，而是把作主体内容的群兽拉长、扭曲，用它们的身体将画面布满。由于这些祥禽瑞兽和被猎动物都是力量的象征，它们都在不停地扭动、对抗、缠绕、攀结，使画面内的格局似乎随时都会因其相互抗衡而出现新的变化。

还有一种繁密构图的情形：一块画像石上表现多种题材，虽然内容复杂，却能处理得既分布全幅，十分饱满，又互相联系，有条不紊；既突出某些主要内容，又花团锦簇，不显孤立。如江苏睢宁出土的一块门楣画像石上，主体为一石桥，桥上为车行，前有骑吏，各荷长矛，后有卫士，持刀跟随；桥下有渔夫捕鱼，一人正做撒网状，另有一船已满载鲜鱼，准备回驶。汉代匠师们利用这块半圆形石料，表现一座拱形桥上下的情景，一桥相隔，层次井然，而且生动逼真，可谓匠心独运。

分层分格在繁密构图中也很引人注目，这种构图法充分利用有限的画面，集中较多不同时间、不同空间的内容，著名的山东嘉祥武氏祠等祠堂画像石的画面采用了这一构图法。有时为了避免主次不分，汉代艺术家在布局时把最主要的题材安排在画面中部。如山东滕州西户口出土的一块画像石上，中间是贯通上下的建鼓，西王母则端坐在上层的中央。此画层次虽多，但一看即明了其主题内容。

 3. 夸张变形的造型

古代画像石、砖之所以对人有一种震撼的力量，除了它那丰富驳杂的内容之外，很大程度上是得力于夸张变形的造型。艺术需要强调，更需要变形和夸张。只有强烈的形式，才会产生强烈的效果。凌驾一切的力量感也好，骚动不止的运动感也好；沉雄广大也好，劲健豪迈也好，都是汉画像石、砖强烈的表现形式所产生的客观视觉效果。山东沂南北寨村墓画像石上的寻橦之戏，采用了一种比例上的夸张手法，它是在强调某一部分的同时削弱另一部分。如橦上的三个伎人和所顶的竿，比起顶竿的人，比例大为失调，这样处理的结果，杂技的惊险性削弱了，但却表现出了优美、稳健。因此，杂技在这里就不是令人喘不过气来的技巧，而是一种令人陶醉的艺术。

拉长的手法，在描写瑞兽、动物、神仙境界的作品中，更是屡见不鲜。山东邹城黄路屯一块2.6米长的画像石上刻着一龙一虎，其身、腿、尾都被拉长，既有弹性和活力，又不失威猛的气势。与这种拉长的变形相反，河南密县画像砖上射虎图的变形则是压短。这件作品中，虎没有柔韧有力的腰，没有肌肉发达的胸廓和有力的利爪；马没有善跑的长腿和矫健的躯体；射手也没有扭腰发力的雄姿。粗短的虎、矮壮的人、短肥的马，使人感到似乎这是用一些玩具，诸如布老虎、布娃娃来组成的场面，具有浓郁的民间艺术风味。

古代画像石、砖在处理大场面时，往往采用平列、相累、迭加的办法，后两种办法，即是一种变形手段。在一些描写庭院和车马仪仗的作品中，可以找到这样两种基本手段：对单个的建筑物（阙、楼、大门、亭阁等）或一匹马、一辆车，往往采用平视或侧平视法；在将这些单个的形象组合在一起时，则使用俯视法（鸟瞰）。通过平视或侧平视，可以得到最常见、最熟悉、最能引起美感的结构和形象；通过俯视，则可以得到建筑群层次的错落深远感和车马仪仗的气势。

画像砖与绘画艺术

画像砖体裁广泛、形式多样，具有很高的史料价值和艺术鉴赏价值，是考古和研究中国古代社会生活、民风民俗、艺术发展等的珍贵资料。当然，也备受文物收藏家的极大关注。

画像砖同画像石一起被称为"敦煌前的敦煌"。它以民间中下层人们的视角，真实而生动地反映了中国封建社会中第一个最辉煌、最强大的时代的社会生活情况和精神面貌，是古代民风、民俗的图片大百科，是中华民族原汁原味的民族艺术遗产之一。在艺术上，画像砖继承了青铜艺术的有益因子，又摆脱其在造型上的束缚；冲破了古板的纯图案形式，实现了从二维空间意识向三维空间的延伸；创造了富有动感、韵律十足的精彩画面；充分体现了古代人民自由豪放、愉快欢畅的整体精神面貌。同时又为后世绘画、雕塑以及建筑等艺术的发展奠定了良好的基础。

 1. 画面构成因素——线

传统的中国画讲究"骨法用笔"，其实，这一点早在汉画像砖里的线条艺术中就已经被演绎得形象而精彩。如陕西咸阳市出土的浮雕虎的轮廓线准确、概括、洗练、生动——把虎的结构、骨骼、肌肉、动作、神情都表现出来了。再如，洛阳画像砖马的轮廓线，经过规整、夸张的线条把马的力量、气质准确、到位地表现了出来。在洛阳画像砖中，门吏身上线条的疏密、张弛和对形象的表现都十分到位，对魏晋以后人物画的发展，应该起到过一定的影响作用。另外，咸阳市的阳刻线画像砖，无论是繁密的、还是疏朗的线都有一

画像砖画面

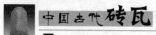
定的艺术价值。四川和河南的画像砖中线条与浮雕结合在一起的艺术表达形式，在对比中越发显示出线条自身的魅力。

 2. 画面构成因素——点

点在画像砖中的运用非常广泛，并起到很大的作用。如在汉画像砖中常出现的乳钉纹，就是一种常见的点的形式。首先，点可以活跃画面的气氛。如四川画像砖龙车周围空间里点缀几颗点状的星星，就把浩渺的宇宙空间给烘托出来了。一组整体呈现的线状的点可以暗示出虚线；另一组面型的点则可以暗示出面。最有意思的是，点还可以暗示出音乐。

 3. 画面构成因素——形

在汉画像砖中，对形的运用也十分到位。郑州画像砖、南阳画像砖和四川画像砖都主要靠实用形来塑造形象的。之所以说是"形"而不说"面"，是因为画像砖不是真正意义上的"画像"，还有更多的浮雕因素在里面。总之，画像砖中的"形"，或写实、或夸张、或重复、或概括……这所有的一切都很生动地表现了所要塑造的对象的精神面貌。因此，我们说在画像砖自由奔放的创作风格里，形与人的心灵是互为沟通的，所以其形的意味就更接近精神层面。

综上所述，可见画像砖中绘画的优势还很多，直到现在，我们在观摩画像砖时还会为它们自由欢畅、毫无做作的表现形式所感动。

画像砖与雕刻艺术

在汉画像砖的艺术语汇中，雕刻艺术占有很大的比重，可以说画像砖的雕刻因素对于整个画像砖艺术是至关重要的。体现在画像砖中的雕刻艺术手法主要有以下几种：

 1. 高浮雕

这种雕塑形式体积感强，具有更多的雕塑因素，不仅要表现形象的平面感，还要表现形象的立体感。这种艺术手法在画像砖中虽然并不常见，但出现的作品中却不乏优秀之作。

 2. 鼓面浅浮雕

除了要注意形象的外轮廓外，还要注意形象内部结构之间的高低错落、陡缓虚实。像画像砖成熟时期的南阳画像砖、四川画像砖中就有不少这类优秀的作品。

 3. 平面浅浮雕

这种浮雕艺术形式因其表面整体效果接近平面感故称之为平面浅浮雕。在塑造时，对形象的轮廓线的要求比较高，因为形象的轮廓线的表现力占这种浮雕语言的一半以上。另外，要靠其内部各形体之间的联合、断开和大小等关系来丰富雕塑语言。这种雕塑最接近绘画的艺术形式，因此，它的拓片能够很好地记录下所要传达的艺术信息。

 4. 凹面浮雕

这种艺术形式在画像砖中并不常见，但却是画像砖中难得一见的特殊表现方法。所谓物以稀为贵，因此也有一定的艺术收藏价值。

 5. 雕与刻的结合

实际上，雕塑艺术语言本身就是雕与刻的相辅相成，像汉代大将军霍去病墓前的雕塑就是先雕后刻的。覆盖在浑厚、雄强的雕塑表面的刻线对于雕塑来说可谓是锦上添花，不仅不影响作品原本的宏大气势，反而把其烘托和阐释得更加完美。在画像砖艺术中也有许多雕刻结合的典范，如河南新野樊集的画像砖，其形象大的趋势往往用雕的形式，而精美的细节则往往使用较为精细的刻线来表示。这种粗与细在对比中形成统一，使画像砖的表现力更加强烈和耐人寻味。

所以，画像砖也是浮雕艺术的宝库，许多艺术语言直到现在还会对各个艺术领域产生影响。

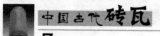

画像砖与装饰艺术

在画像砖的艺术宝库中，从来不缺乏装饰语素。从陕西茂陵附近画像砖优美的朱雀、玄武造型，到洛阳画像砖中的动物形象的塑造，再到郑州画像砖装饰纹样的展示，以及南阳、四川画像砖里的装饰性形象的不断推新，说明来自民间的画像砖艺术丝毫也不缺乏华丽、精致的装饰技巧。其排列之巧妙、创意的新颖，其变形的到位、艺术手法的精巧，有时的确令人叹为观止。从画像砖里我们可以挖掘到许多值得借鉴的装饰艺术语言，并且更能够把它们加以提炼，运用到现代装饰艺术之中。淳朴、博大、构思巧妙而又不刻板的汉代装饰艺术必将会对现代日新月异的装饰艺术领域增添新的景观。

画像砖与建筑艺术

在画像砖的表现题材中，有许多关于建筑、园林的画面，给我们提供了汉代建筑艺术、人居环境等丰富的图像资料，不仅为建筑史学家提供了宝贵的历史资料，也为现代建筑设计者提供了可供参考的建筑语言、设计要素，为现代建筑艺术的发展提供了必要的后备资源。

知识链接

秦始皇陵发现迄今为止中国最大古砖

2009 年陕西省考古研究院完成秦陵考古勘探共计 90 多万平方米，新发现两座陪葬坑。考古人员对勘探发现的多处汉代墓葬等进行了清理，其中南区的 2 座汉代初期墓葬，墓室全部由长约 1.6 米的长条实心砖砌成，是迄今为止考古发现的中国最大古砖。

第三节
画像砖欣赏

 舞乐百戏类画像砖

中国古代乐舞杂技表演的总称，谓之百戏。我国的舞乐百戏艺术有着悠久的历史传统和广泛的地域性。西周的先王之乐，春秋战国时期的郑卫之音，均曾独领风骚。秦汉时期，统一的封建王朝国力强盛，国内各民族之间以及我国与外域之间交往频繁。由于中央王朝对于乐舞艺术的重视，文学艺术的一个分支乐舞百戏，在秦汉时期发展到一个新的水平。汉代盛行的"百

舞乐百戏类画像砖

戏"，其内容包括音乐演奏、舞蹈、演唱、杂技、武术、滑稽表演等。这方面的内容，在已经出土的画像砖中，同样得到充分的反映。河南郑州出土的一块西汉晚期至东汉前期的空心画像砖，画面就由多幅图像组成。

下面介绍几个有名的舞乐百戏类的画像砖代表作品：

1. 《骑吹》

此画像砖表现的是两排（一排三人）像仪仗队一样的马上乐队的形象，

分成两排的六匹马步调整齐，给人以整齐划一的感觉。此队列在画上分成两纵排，自左向右“正步”向前。每一排的三个人形象相互重叠，在视觉上给人以很强的团队感，在两排之间还设有相互联系的“链条”：后排上部的两匹马各一前蹄与前排下部两匹马的尾部在细节上穿插在一起，把前后两排联系在一起，增强了骑吹队列的视觉“团队”面貌——在视觉上产生前排后排联系在一起等距离行进的感觉。然而，只有联系——两排极为相似的集体形象之间的联系会显得太过单调，这种毫无变化的简单重复，无疑会给画面带来沉闷、呆板的感觉。聪明的作者显然也感受到了这一点，于是在后排上边坐骑的马背上安了一个带着伞状羽葆的华盖，两个带状的飘带把后排上方阵牢牢罩着，使其与前排因此而有了一些区别。再加上前排上面的马骑上有一带着飘带的汉节，其飘带与羽葆华盖的顶端几乎重合在一起。这样就造成两排一分一合的形象处理关系，使得比较单调的画面变得更生动有趣。

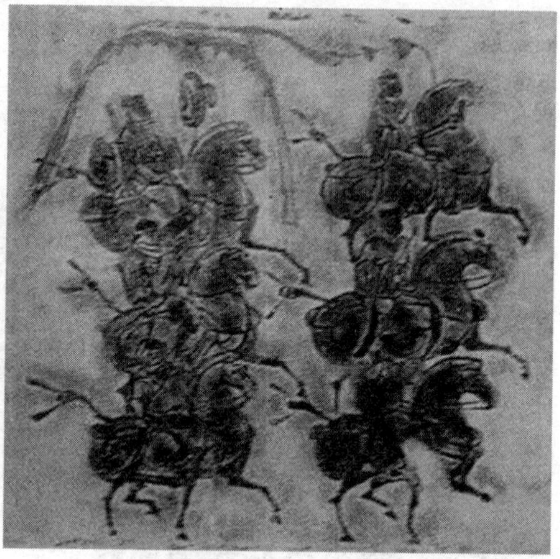

四川成都汉画像砖《骑吹》

总之，此幅画像砖不刻意突出单个形象，着意塑造了团队骑吏步调一致、整齐划一的感觉，把乐队的团体精神表现得十分到位，虽然画面只有两小块的人物组合形象，但却把整个骑吹仪仗的感觉和声势都表现出来了。

2. 《鼓舞》

画面背景的处理非常符号化，整个建筑只取了一个屋顶做代表，其他的因素都被略去了。房屋下的三个人正在投入地表演着舞蹈，他们的姿态和动作夸张但又十分到位。左边的人赤膊，边跳边摇拨鼓。画面中间的人动作姿态显得雍容华贵，正携物（很像古琴）而舞。右边的人也赤着胳膊，他的两手各持一棍，似在指挥乐曲，同时用右脚点击地上放置的小鼓，并随着音乐的节奏忘情地摇摆。他们三人似乎都深深地沉浸在鼓点的节奏之中，从其生动的体态语言中就可以领略到这一点。

四川彭州汉画像砖《鼓舞》

3.　《乐舞》

　　名为《乐舞》的画像砖不知为什么把乐者和舞者放到极为微小和从属的地位，却着力去表现画面下部乐舞场中两个冲突的人物激烈相争的场面。首先，画面所表现的空间是处高高竖起的烛台之下的空间，本身就容易给人以压抑的感觉，再加上构图拥塞、人物众多，为人物的冲突制造了一定的气氛。然后再来看冲突的二人，被竖直向上的烛台的竖杆分割开来，在视觉上形成一种空间和方位的对比，暗示出二人是矛盾的两个对立的部分。再看冲突中的两个人，左边的人身体前倾，表现出进攻的运动趋势；右边的人身体却向后倾斜，稍显劣势，但又极不甘心，用他的左臂奋力支起身体做强烈反抗。这一

河南新野汉画像砖《乐舞》

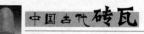

进一退暗示出二人交锋的白热化。最引人注目的是他们二人钢针般竖直的须发、仙人球般的头部，二人都夸张地张着大嘴，像两个正喷射着子弹的机枪口，他们都竭力想用激烈的语言来击败对方。正如王国维先生所言："一切景语皆情语。"让我们来看看二人面前两个长方形的黑色器物是如何来烘托、强化二人之间冲突的：左边的器物正通过烛台的支杆侵入右边的空间中，右边的器物也好像不甘示弱，紧紧地压在其"入侵"部分，作者巧妙地利用这两个器物暗示出二人不可调和的冲突关系。最后再看画面上部的三个人的形象，左边的那人似乎对他们的争吵漠不关心，正在自娱自乐；中间的人好像表示出极度的疲惫感，似乎正欲侧身躺下去。这两个人的行为暗示出下部的争吵已持续很久，观看的人已有些麻木。只有右边的年轻人兴致不减，仍然津津有味地观看下部二人的争斗。顺着此人的视线，读者的视线自然又会回到争吵者的身上。这时我们会突然明白为什么作者把舞者和乐者刻画得那么小，因为在冲突中他们已从原来的主角退到最次要地位，这恰好表现了在这个冲突的气氛下，人们强烈、真实的主观感受。

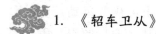

车骑出行类画像砖

汉代经济的发展和交通的发展是相辅相成的。汉初马少，将相多乘牛车，中期以后才乘马车。据考证，马用挽具的刨造和使用均自汉代始。当时的陆地交通以车为主，水路交通主要是船，巴蜀一带还有竹木筏。这些在画像砖中都有反映。对于交通的供应和管理，汉承秦制，十里一亭，五里一邮，驿传则是三十里一置。亭长负责十里范围内乡邑的治安工作。文献记载表明，西汉至三国时期，成都至关中的官道上，亭舍相连。中原一带，更是大路通天。各地汉墓中，出土了不少《亭吏》、《传舍》一类的画像砖，反映了汉代交通的一个侧面。尤其是出土了大量的车骑出行画像砖，反映了那个时代的交通状况和交通水平。

下面就介绍几个表现交通与车骑类的画像砖代表作品：

1. 《轺车卫从》

画面上的轺车为一马一驾。整个车和马形成一个大的楔形。大家知道：楔形向前的冲击力是很强的，这就造成整个马车在画面上有一种前进之感。

驾车的马的外轮廓线多处被夸张成饱满而又有力度的弧线，加强了马的力量感，使人见到它那矫健的身姿就自然会联想到日行千里、夜行八百的千里马。驾车人和乘车人动作自然、生动。跟在车后的卫从身体的轮廓也呈隐楔形，自然让人觉得他正快速随着马车一同前行。此画面把汉代官吏和随从一起急速赶路的情景表现得极为生动。

四川德阳汉画像砖《辎车卫从》

 2. 《篷车》

画面的右面为一驾带篷的车子，篷前坐一驾车之人正扭头后望，似乎在和篷中之人说话、交流，车后一人骑马跟随。整个画面形象被处理得十分概括，从拓本上看，所有形象似乎都浓缩成了旅途劳顿的倦影——把人们长途跋涉中车马的疲乏之感很好地表现了出来。此画面的创作手法与德阳的其他画像砖有所不同，显得十分新异。

四川德阳汉画像砖《篷车》

 3. 《平索戏车与过桥》

画面共分两个部分，左边是平索戏车，右边是过桥。戏车者共有七人，两驾马车，前车一马独驾，后车却是两马共驾。前车一马独驾，上面却负载

河南新野汉画像砖《平索戏车与过桥》

着一粗壮的御手和两个相对粗壮的表演艺伎，特别是檀杆上端的艺伎体形显得格外粗壮。不仅如此，"动力不足"、负载沉重的前车已到这倾斜度很大的桥头，马儿埋首曲颈、步履艰难。后车则相反，一是两马共驾，二是相对于前车负载较轻，所以两马八蹄腾空、奋力狂奔。这样，就出现了一个矛盾——两车速度一急一缓的矛盾，这种矛盾给在运动中表演的艺伎们增加了难度。前车檀杆因车正驶在倾斜的桥面而变得向后倾斜，却还要承载檀杆的中部艺伎。檀杆顶端置一短横木，横木上蹲立一艺伎，右手拉索，左手向外伸出，抓住前面正竭力想要向前跳跃的艺伎的脚，以保持身体的平稳。后车的檀杆上一艺伎如猴子上树般灵巧地向上攀缘，同时一手拉索。平索上的艺伎以脚钩索，身体倒悬，二臂微曲，仿佛在随身体优雅地摆动——惊险之至。

桥上也有一前一后两个轺车，前面的车一车一驾，正冲下桥去，后面的一车两驾，刚刚登上桥的顶端，两车之间导骑荷戟仰头，得意扬扬。桥的右端，两个人弓身相迎。桥下有一叶小舟，舟上有两人，似乎在撒网捕鱼。船的两边分别有一鱼一鳖。

在画面上面更远的空间内，中部有一人在奔跑驱兽；右部有两人在比剑。这样，一个画面容纳了许多内容，把汉代举行大型杂技的现场和背景表现得惟妙惟肖，是研究汉代社会不可多得的直观资料，因此有相当高的收藏价值。

4. 《斜索戏车》

河南新野樊集汉画像砖中的斜索上一艺伎姿态优美，胸腰端正、头部前倾，口中似衔一棍状物，双臂似乎正有节律地摆动着，仿佛正与嗒嗒的马蹄声相呼应。她的一条腿优雅地抬起、弯曲，一条腿直立，粗壮的身躯仅靠一

河南新野汉画像砖《斜索戏车》

只脚的脚尖支撑在斜索上，仿佛在边表演边向上攀登。前车橦杆上端横置一木，横木右端上一艺伎双脚勾木、头朝下倒挂置在横木上；他双臂伸展，左右手掌上各托着一圆球物，左手圆球上蹲一艺伎，似在吹奏乐器，显得优美而端庄。右手圆球上一艺伎手舞足蹈，仰首、挺胸、翘臀，体态优美、动作生动、似乎在展示舞姿。前车御手正凝神埋首驾驶，后车御手却是一心二用：在控制车辆的同时仰目关注斜索上的惊险表演。后车上端坐一人，似乎并不关心这惊险、刺激的表演，可能他是这台精彩表演的导演，所以是那样的镇静——指挥若定。在控制重心、保持平衡方面，斜索上的艺伎、后车橦杆上的艺伎以及在倒立艺伎双手圆球上表演的艺伎的精湛技艺都是那样让人不可思议。倒立人仅靠两脚勾挂横木来支撑，双手上竟直托起两个正在表演的艺伎，他的两臂虽被描绘得"细若游丝"，却蕴含着无穷的力量。后车橦杆上的艺伎蹲在一个面积极小的托盘上，一边要保持着平衡，一边又要用巨大臂力拉直斜索，而斜索上身体粗壮的艺伎反衬出两位拉索人的惊人臂力。

在现代杂技表演技巧中，一般都是在静态的平索上行走、倒立或行车或踩高跷。然而，画像砖中的艺伎却能在运动着的极不稳定的条件下，在拉伸的斜索上以一只脚尖来支撑身体表演高难动作。在现代杂技表演技巧中，就是直立在静态地面双手托双人的表演也不多见，然而，画像砖中的艺伎却能在运动中悬挂着身体、双臂伸展完成双手托双人的动作。在现代杂技表演技巧中，人在大球上表演动作也不罕见，然而，画像砖中的艺伎却能在不断运动着的用人的手掌上托起的极小的圆球上完成奏乐和舞蹈表演。更何况这些惊险表演的下方不是平静的舞台，而是奔驰的车马——稍有不慎，便会跌落下去，后果不堪设想。《斜索戏车》为我们真实或夸张地表现了汉代杂技的精彩场面。

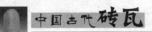

5.《泗水捞鼎》

画面主要表现秦始皇派人在泗水捞鼎的故事。画面的中心部位是一个虹桥，在虹桥的上下，人们正在热火朝天地捞鼎。桥下有两条小船，每条船上各有两人，他们刚把鼎从水里捞上来；与他们配合的是虹桥两端的四个人，一边两人，他们正用力地往上拉鼎。而鼎的右边有一条飞龙环绕，可能是要把系鼎的绳咬断。通过这个故事是要说明，秦灭汉兴乃是天意。在桥的右上部竖着一个建鼓，两人边跳边打，目的可能是为捞鼎助威。与打建鼓的人相互配合的人是他们右边两个摇拨鼓的人。如此一来就把捞鼎的场面表现得热火朝天。

同时在捞鼎的过程中，虹桥的交通并没有中断：画面的左边一轺车正经过顶端饰有凤凰的单阙，准备过桥；桥上一轺车正在爬桥；桥的右端一轺车和两个单骑似乎刚刚过桥。在凤阙的右端——空间更远处，一人正奔跑套兽。

河南新野汉画像砖《泗水捞鼎》

🥄 农业生产类画像砖

农业的发明是人类征服自然、改造自然的一个重要里程碑。在我国悠久的农业生产发展史中，汉代是一个重要的发展阶段。已经发现的画像砖中，涉及农业生产的题材十分广泛，几乎包括了农事活动的全过程。这些画像砖大多为东汉时期的作品，为我们研究并了解汉代农业生产的全貌，提供了宝贵的第一手资料。农业生产题材的画像砖主要分布在四川地区，并突出反映了南方水田农作的实际情况以及制盐、酿酒、织锦等生产活动。

下面介绍几个经典的农业与生产的画像砖代表作品：

《芟草播种》画像砖

 1. 《芟草播种》

四川省博物馆藏有一方《芟草播种》画像砖，该砖高 24 厘米，宽 38.6 厘米，出土于四川德阳县柏隆乡。图中六位农夫在整齐的田畦中劳作，前四人双手挥动铁镰芟草并拨土，为后面的播种工序做准备。后面紧跟着一位农夫和一少年，他俩一手执容器，一手做播种状，整个画面完整协调，犹如舞蹈动作的定格。

这方体现劳作中芟草播种的画像砖有以下四个特点：第一，田畴边的三株大树茁壮茂盛，既点明了播种的季节，又说明了早在汉代，四川等地即有在农田边植树的习惯。第二，画面上田畦阡陌清晰，整齐规范，体现出汉代四川农田耕作的高度管理水平。第三，整个画面动感极强。前面四位农夫动作整齐，类似舞蹈，说明他们芟草时很有节奏。中间的一位扭头回顾，仿佛一边劳作，一边与播种者交谈，给人以想象的余地。第四，两位播种者的造型很有特色。后面一位高大结实，动作老练，一看就知道是位老把式；而前面的那位后生，既可视作为身后的长者作辅助播种，也可看作现场学习播种。这幅画像砖所体现的内容及内涵，向我们展示了古代劳动人民代代相传、年复一年的辛苦劳作场面。

2. 《薅秧劳作》画像砖

四川省新都市文物保管所收藏的《薅秧劳作》画像砖很有特色，图为这方画像砖的拓片。该砖高33.5厘米、宽40厘米。图像为两块相连的田亩，左边田中央布满秧苗，两位农夫各持薅秧耙，双脚交替着薅秧。这是四川农村至今仍流行的"薅足秧"。右边田中两位农夫均执弯锄做翻地状。两块田地之间的田埂上有一个缺口，当为调剂水田水量所用。中国农业博物馆所

《薅秧劳作》画像砖

编《汉代农业画像砖石》一书中，认为右图"田中杂有家畜、鱼类及莲蓬，似为浅水塘"。但从两位农夫高举锄镰、双脚露出，家畜、家禽奔走的情况来看，又不像是浅水塘或水田。也许是块即将过水的旱地。总之，这块画像砖反映了汉代的水田劳作情况。

3. 《盐井》

此画像砖表现了古代四川采盐、制盐的整个过程。画面反映的盐场处在重峦叠嶂之中，山林中有飞鸟走兽活动其间，猎人们也在山中来往穿行。盐井位于画面的左下角，上面的井架一直伸到画面的顶端。井架共三层，高处的两层各有两人相对站立，正在用架顶的滑轮提起卤水。然后再用竹筒把卤水引到煮盐灶上，盐灶位于画面的右下角。灶棚下共有五

四川彭州汉画像砖《盐井》

眼灶，一人在灶后操作，还有一人在灶旁扇火、加柴。灶棚外的其他人似乎是来送柴的。此图生动地再现了古代制盐的真实情景。看到此图，我们几乎了解了古代井盐制作的每一个具体的细节，是研究我国古代制盐业珍贵的视觉资料。

 4. 邛崃《舂米》

画像砖《舂米》中的两个舂米者，其形象、动作、道具等都极其相似，距离相近，形成强烈的视觉频闪，表现出舂米的节奏和声响。并且与画面中间的那个劳动者形象也甚为相似，相互之间形成视觉呼应，这样就把有节奏的声响扩散到整个画面，从而形象地打破了空间的宁静，使整个画面充满

四川邛崃汉画像砖《舂米》

一种自然、质朴的劳动气氛，很好地表现了纯朴、善良的劳动者对劳动的热爱，极富生活气息。

 5. 《酿酒》

此画面表现的是汉代人在工棚下酿酒的场面。画面的右边是工棚，工棚顶部瓦楞清晰。工棚下靠画面中间的一人，正挽着袖子在一大容器旁忙碌操作，旁边有一人正在帮他的忙。他们的前面有一个长方体的台子，台子下方放置三个酒坛。台子的左端一人抱着一个容器，正沿着右下方即将走出画面，仿佛沽酒而归。画面的左上角一人手推一车，车上放着方形容器，正离开画面。画面的左下角一人肩

四川新都汉画像砖《酿酒》

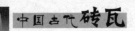

挑两个酒坛,大跨步向左走出画面。整个画面把做酒、买酒、运酒的场面表现得生动而形象,为我们再现了汉代酒坊的热闹情景。

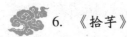
6. 《拾芋》

此画面表现的是四个身穿短衣的劳动者,在芋田中艰苦劳动的情景。他们中有三个人的动作很相似,都是深深地把腰弯下去,伸手到水里去摸芋,另一人跪坐在水田边,似乎正把拾到的芋抛向田外。田地里还分散地游动着鱼、野鸭和其他水鸟。画像砖的左上角还零星刻画着三五枝残荷,形象地暗示出故事所发生的季节。此

四川彭州汉画像砖《拾芋》

画像砖倾注了作者对劳动者的同情和无比热爱的思想感情。

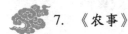
7. 《农事》

画像砖《农事》左上一人和右边两人动作相似、距离相近,形成三人的团队"频闪"群,把画面的左右有机地联系起来,使其隔而不断。表现出正忙于农事的人们共同的劳动节奏。并且反衬出画面左下角那个动作"特异"的人的形象,生动表现出紧张劳动中所发生的小的戏剧故事。

四川新都汉画像砖《农事》

8. 《弋射收获》

这是一块著名的画像砖。一砖分成两个画面,上图为"弋射",刻画的是人们在野外池塘边射鸟的情形。池塘内长满荷叶、荷花及莲蓬——绿叶掩映、花实茂密。其间有游鱼、水鸟游浮觅食。天上有许多飞翔着的鸟儿,池塘岸边有两棵小树相伴而生,在树的前面跪坐着两人,他们正拉弓射天上的鸟儿,

两人神情专注、姿态生动。下图表现的是农家收获的场景。在画面的右边两个人手持刈钩，正在收割摘掉谷穗后剩下的谷草。中间三人身穿筒裙像是女性，正在收割谷穗。左边一人肩上挑着一担扎好的谷穗，右手提篮。整个画面表现了人们收割稻谷时采穗、割草和运粮三个过程，生动表现了汉代农民在稻田劳动时的真实状况。

四川成都汉画像砖《弋射收获》

知识链接

砖雕与民居建筑

　　砖雕在民居中的大量使用，也和晋商的崛起联系密切。生活富裕后的晋商争相为了显贵夸富，一时兴起讲究建房规模与雕刻装饰，使得原先只用在宫廷、庙宇等建筑物上的砖雕逐渐移进民居。砖雕装饰大多采用民间熟悉的形式，运用借代、比拟、隐喻、谐音等手法来象征吉祥如意，极尽表达人们对生命价值的体现、对家族兴旺的希冀、对富裕生活的向往、对自身社会地位的提升。民间工匠把这种具有丰富文化内涵与寓意深刻的美好祝愿运用自己的才能，将其描绘出图案来，之后再按照图案和工艺程序进行创作。

　　砖雕作为民居建筑的独特装饰艺术，用其精湛的技艺、独特的艺术手法很好地表达出建筑主人的精神内涵，显得清新质朴，端雅大方。砖雕对整座建筑起着画龙点睛的作用，不仅凸显出户主的身份与兴趣爱好，也负载着各个时代独有的文化特征，给后人研究历史提供了契机，同时也体现了时代深深的烙印。古建筑修复对于影壁、脊领、花墙门楼等砖雕的市场需求量仍旧非常大。

市容风貌类画像砖

    汉代农业、手工业的发展，带动了商业的繁荣，经济的发达促进了城市的发展。全国各地出现了许多重要的商业都会。关中的长安、河南的洛阳、巴蜀的成都等，都是建筑宏伟、人口稠密、交通便利、商贾云集的大都市。已经出土的画像砖中，为我们描绘了当时的市容风貌。

    下面介绍几个经典的市容风貌类画像砖代表作品：

1.《宫阙》

    《宫阙》是出土于河南郑州的空心画像砖上的一个印模图像，为西汉晚期至东汉前期的作品。该图像高7厘米，宽15厘米，表现技法为浅浮雕。"阙"是中国古代用于标志建筑群入口的建筑物，多建于城池、宫殿、宅第、祠庙、陵墓之前。阙最初的用途是显示威严并供守望之用，后来发展成为显示门第、区别尊卑、崇尚礼仪的装饰性建筑。现存最早的阙，为汉代所建。这一独特的建筑形式，也是河南、四川等地汉画像砖中常被表现的题材。《宫阙》图中部为重檐宫殿式建筑，两边是对称的双阙、具有典型的汉代建筑风格。殿门外有两位执戈武士在守卫。巍峨的宫殿、高耸的双阙、严密的守卫，形成了

《宫阙》画像砖

一道独特的汉代都市风景线。这幅画像既描绘了汉代的等级森严和权力的崇高，又体现了汉代发达的建筑工艺。

2. 《甲第》

四川省德阳县出土的《甲第》画像砖，画面中央是高大而宽敞的宅门正面图，为五脊重檐，檐下有菱形窗格。中间有一大门，两旁各有一小门。宅内左右各有一棵不同品种的树木，两只小鸟在树上或栖或飞，整个画面宛如一幅美丽动人的风景画。汉时，一般居民住宅不得当街辟门，但享有封建特权的显官贵族则除外。"甲第—即甲等门第。左思《蜀都赋》有云：—亦有甲第，当衢向术，坛宇显敞，高门纳驷。"可见《甲第》画像砖所反映的，是汉代封建地主官吏之家的住宅。该砖 1952 年出土于德阳县黄浒镇蒋家坪，原砖高 22 厘米，宽 64 厘米，现藏重庆市博物馆。

《甲第》画像砖

3. 《羊樽酒肆》

羊樽是战国流行的一种盛酒的容器，在汉代仍有用之盛酒的遗风。画面的左侧是酒肆建筑，四阿式顶，能看到位于山墙和正面两个面的房顶，其上瓦楞清晰。顶下有穿斗式梁架和蜀柱，屋前有一木构高案做柜台，案下放有两个大酒瓮。屋内靠近案子的地方有一个大酒缸，屋子的深处还有两个大缸。柜台外有两人皆长衣戴冠，正在沽酒。案内卖酒的人右手抚量器，左手正把已盛好的酒递出。画像砖的右上部设一大案，案上有一方形容器和两个羊樽，

四川成都汉画像砖《羊樽酒肆》

此案应该是与酒肆一体的——是酒肆铺面向外延伸的部分。画像砖的右边有一个穿着短衣裤的人肩挑着两酒壶走向酒肆。画像砖的右下角一人推着放有羊樽的独轮车，正欲走出画面。画面生动表现了酒肆和周边的热闹场面，是四川画像砖表现酒肆的较为独特的画面。

 4. 《凤阙》

此画像砖表现的是汉代高大、雄伟的双层双阙的建筑形象。这两个双阙之间是一大门，一扇虚掩，另一扇则洞开，给人以视觉通透的感觉。门廊的顶上——双阙之间饰有一凤凰，翘尾展翅、姿态优美。双阙的两边各设有一相对低矮的陪阙，使整个阙门建筑结构显得丰满、厚重。阙上的建筑结构与装饰完美结合，使整个建筑在雄劲中透着精巧、丰富中体现着统一，给人一种独特的审

四川成都汉画像砖《凤阙》

美感觉。

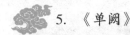
5. 《单阙》

此阙可能表现的是阙门的一个侧面，它顶天立地，高高耸立于画面的正中间。两层阙顶之间分别有两个娇小的仙人在翻腾跳跃着，给画面增添几分神秘气氛。阙的左边有一位老态龙钟的执仗老人，似乎正隔阙迎接来访的贵客。在阙的右边有一位身材高大的人正双手捧物前来造访，他的头上刻着类似盘长纹的图案。此画像砖可能是表现惜老、敬老内容的。其独特的构图、小仙人以及神秘图案，给画面笼罩了一层神秘气氛。

四川成都汉画像砖《单阙·门吏》

6. 《庭院》

此画像砖表现的是汉代一个规模颇大的私人家园。这个庭院共分左右两个组成部分：画面的左边前窄后宽，右边部分则前宽后窄，这两个部分都被廊房所围绕、分割。画面的左侧部分有门、堂等建筑，是住宅的主体部分。右侧为附属建筑，画面的左下角是住宅的大门，其后有两个庭院。

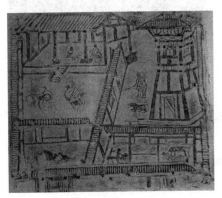

川成都汉画像砖《庭院》

前院面积较小，其间放养两鸟；后院有面阔三间的单檐悬山式房屋，屋内有两人席地而坐，院中有两只阳鸟在展翅鸣舞。右侧部分的前院进深稍浅，内有厨房、水井、晒衣架等。后院有方形高楼一座，四阿式屋顶下装饰着华丽的斗拱，此楼可能是供瞭望和储藏之用的。整个画面布局严谨，结构清楚，庭院功能完备，是研究汉代建筑不可多得的图形资料。

7. 《传经讲学》

画面中所刻画的七人虽然形体、大小不尽相同，但却都峨冠博带，一副读书人的样子。画面左边的一个长方体的方座上端坐着一个讲经的教授，环绕着他跪坐着六人，都手捧着竹简，在恭敬地听讲，他们显然都是学生。在"罢黜百家、独尊儒术"的汉代，孔孟之道被奉若神灵，因此当时的读书人对其理论往往是精讲、细研。此画像砖从一侧面反映了汉代在独尊儒术的政治思潮流行时官场和学术界的面貌。

四川成都汉画像砖《传经讲学》

8. 《宴饮》

整个画面是一个庑殿式建筑风格的房屋，房顶上设置有两个望楼，两个望楼之间露出房屋后面的一棵树梢。两个望楼的外侧各自装饰有凤凰一只。房内三人围绕一低案席地跪坐，皆长服着冠。中间人正举杯敬酒，而右面的人却手执一花，可能是在行酒令。画面生动表现了三人饮酒至酣时的情景。

四川成都汉画像砖《宴饮》

9. 《赈灾图》

画面中有一座下筑底座，上面是开着两个天窗的仓库，屋檐下有一些小鸟正在展翅飞翔，像是前来觅食。在画面的左下角有一人坐在方形的毡上，他极有可能就是赈灾之人，正在那里指挥赈灾。画面的最右边有一个人正在弯腰跪在地上，手扶粮袋，做千恩万谢状。画面中间的人正手持容器往右边人的粮袋中注入粮食。此画表现的也是赈济灾民的活动，但是却带有更多的政治色彩。

四川彭州汉画像砖《赈灾图》

 灵兽瑞鸟类画像砖

　　画像砖的图像中，经常可以见到灵兽瑞鸟的形象，有时一种灵物往往占据整个画面。这与当时人们的思想观念有关。汉时，统治阶级为了维护自己的政权，罢黜百家，独尊儒术，并且把道家、法家、阴阳家的一些思想糅合到儒家思想中。东汉初，又将儒家思想进一步神学化。统治阶级还十分重视天灾和祥瑞之兆，借以维护自己的统治，并为自己歌功颂德。当时人们普遍认为，灵兽瑞鸟具有某种神力，可以守四方，祛不祥。这就是朱雀、白虎等频频出现在画像砖上的原因。

　　下面介绍一些典型的灵兽瑞鸟类画像砖：

1. 《朱雀》

　　《朱雀》为一方空尘画像砖上的印模图像。原砖出土于河南洛阳地区，为西汉时作品。这只朱雀单腿独立，双翅平展，后尾上扬，形态十分逼真美丽。整个图像为阴线刻，具有线条流畅、简洁凝练的特点。西汉时期洛阳的空心画像砖上，图像往往分两层或三层排布。上层安排飞禽，下层安排人物和动物，中间杂以树木。尽管不同题材之间并没有

《朱雀》

必然的联系，但由于构图疏朗，排列整齐，讲究对称，给人以美好的艺术享受。

2. 《白虎》

　　洛阳地区出土的空心画像砖上，还常常出现猛虎的形象。画虎是我国古代的一种习俗，人们认为虎可以祛除邪恶。在河南各地出土的画像砖中，猛

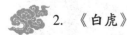

虎还与人物、双鹿等构成一组组的画面。白虎图描绘的这只猛虎身长肚圆，威风凛凛。阴线刻的手法，使这幅老虎的画像拓片成为名副其实的白虎。虎本为凶暴之兽，将其视为瑞兽，是传说演进的结果。在汉代，苍龙、白虎、朱雀、玄武被尊为四神，可以镇四方。但河南出土的汉代画像砖中，苍龙、玄武较少出现，而骏马、仙鹤、老鹰等动物图像，却频频亮相于洛阳等地出土的画像砖上。

《白虎》

3. 《骏马》

马在汉代是非常重要的一种动物，当时广泛用于战争的交通。据文献记载，汉代皇家马苑养马多达30万匹。所以，在汉画中，马是常见的题材。《骏马》图所表现的骏马，只用寥寥数笔，便形神俱备，呼之欲出。洛阳画像砖上还有"天马"的形象出现。所谓"天马"，即为汉武帝时引进的西域大宛良马。汉画中的天马更显结实健壮，有类雕塑，是艺术化了的天马形象。

《骏马》

4. 《骑吏棨戟》

巴蜀汉代画像砖中马的形象尤为引人注目。在大量的车骑出行类画像砖中，汉马显得劲勇而灵动，质朴而简洁。那些身躯壮硕矫健、四肢细瘦若铁的汉马，既是画像砖中最传神的部分，也体现了强盛进取的铮铮汉风。

《骑吏棨戟》

《凤凰出》

《青龙》

《玄武》

《骑吏棨戟》画像砖出土于四川德阳，画面上四匹马生动活泼，姿态各异，运动中的情景刻画得准确有力。

郑州等地出土的画像砖中，凤鸟往往栖息宫阙之上，而朱雀、青龙、白虎、三足鸟、九尾狐等神灵动物往往点缀在画像砖的画面中，不如洛阳空心画像砖上表现得突出。四川东汉画像砖中，亦有"朱雀""凤凰"等灵物出现，有的在画像旁有一榜题。例如四川梓橦县东汉砖墓中出土的一方画像砖上，正中伫立着一只张嘴翘尾的凤鸟，左右两侧有"凤凰出"三字。这方画像砖图文并茂地反映了当时人们的心愿。

河南邓县一座南朝砖墓中，曾出土了大量的画像砖。在这批画像砖中，青龙、白虎、朱雀、玄武这四种灵兽均有出现，同时还出现了麒麟、飞马、双狮、凤凰等灵兽瑞鸟形象。这些图像的特点是均采用浅浮雕的手法，一砖一图，有的还着了色，体现了艺术手法的成熟与进步。青龙为四灵之一，古人不仅把龙视为宇宙之神的一种，同时把龙当作能够升天的乘骑物。《青龙》画像砖上的这只青龙身体曲长、细颈、利爪，奋翼扬尾飞腾于云雾之中。该砖龙身着粉绿色，舌朱红，须白色。画像姿态健美，造型独特，为画像砖中的精品。画像砖上玄武的形象比较少见。河南邓县出土的一方彩色画像砖《玄武》雕刻精致，布局巧妙。蜷曲的长蛇纠缠着一只隆背的乌龟，姿态非常生动。左右两侧衬托的荷叶莲花，显得柔美得体。这方彩色画像砖龟背为白色，身为朱红色，两旁红花绿叶，整个画面色彩鲜艳，为不可多得的彩色画像砖精品。

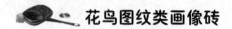 花鸟图纹类画像砖

画像砖的图像中，有许多装饰性的图纹。这些图纹多处于画像砖的边框或是点缀在画像中的空白位置，也有少数的画像砖整个画面都用各种花纹组成。在这些图案中，有花鸟纹、树木纹、柿蒂纹、蛟龙纹、乳钉纹、钱币纹、菱形纹、云气纹、三角纹、弈字纹等。还有一些图纹系用两种图案组成，如双鱼菱形纹、飞鸟菱形纹、金鸟回字纹等。这些变化多端的图纹，体现了我国古代劳动人民的智慧，增强了画像砖的装饰效果和艺术价值。直到今天，这些图纹还被人们反复借鉴和使用。

从广义上讲，花纹砖是画像砖的一种，许多时候画像砖和花纹砖是不可分割的整体，没有清晰的界线。但花纹砖毕竟有自身特点，所以有必要了解一下。花纹砖一般是小型实心砖。其装饰多在侧面和端面，有的花纹分布在一侧面，有的两侧面；有的一端面，有的两端面。一般的坟墓都把砖有花纹的一面面向墓内，这样就对墓室起到装饰作用。

因在墓室所处的位置和用处的不同，这类画像砖有许多形状规格：如方形砖、长方砖、长条砖、大长条砖、长方楔形砖、子母口砖等。

按其花纹的不同大体可分为三类：几何图案、画像和文字。各地的花纹砖的图案从大的方面有一定的联系，如菱形纹、同心圆纹、五铢钱纹等在各地都有出现。但也有差别，如四川、江苏高淳的花纹砖多表现为画像砖；河南许昌、浙江、辽宁的多为几何图案花纹砖，河南洛阳、江苏、广东的多为文字砖……

较之一般空心画像砖和实心画像砖，花纹砖的分布要广泛得多。像辽宁、吉林、河北、河南、湖北、湖南、山东、安徽、江苏、江西、浙江、福建、广东、云南、贵州、四川等都有分布，其中发现最多的是江苏、广东、四川和河南南部。

花纹砖的年代是东汉中期到魏晋南北朝时期，最主要的年代是东汉晚期到东晋时期。

下面介绍几个花纹砖的代表作品：

 1. 河南许昌花纹砖

河南许昌的花纹砖主要形式有：

（1）文字砖。如"白天大吉""阳遂富贵""阳遂富贵大吉利""大吉"等表达吉祥含意的文字，也有些是表现墓主人的姓名如"王百元"等。

（2）画像花纹砖。如骑战图、双鱼纹、兽面纹、猎犬逐鹿纹、云纹。还有许多种类的几何纹，如古镜纹、同心圆纹、十字纹、菱形纹、回字纹、五株纹、网纹、水波纹、斜线纹等丰富的纹样。

河南许昌花纹砖与许昌的空心砖和实心画像砖风格形似，其制作方法也基本上相近。但却具有其他大型画像砖的

文字砖拓图

不同形制，从其丰富的内容上可以明显地看到当时人们对于花纹砖的重视程度。

另外，河南各地花纹砖中鱼纹形象很多，顾森先生在《中国汉画词典》中把这些鱼纹汇集了不少，简直是汉代鱼纹的宝库，其中没有一个纹样是重复的，实在令人视而难忘。

2. 四川花纹砖

四川花纹砖的画像内容占有很大的分量，如凤鸟踏鼎、朱雀、双凤戏钱、双凤戏璧等。另外，花纹砖中还有极为丰富的装饰纹样，如钱币纹、环纹、环菱纹、轮菱纹、十字轮纹、菱形纹、旋纹、鱼菱纹、鱼阙纹、柿蒂纹等。还有一些文字砖，其砖上的文字多为年号。

四川花纹砖图像比较丰富，构图较为复杂，具有较高的艺术水平。其装饰性的图案种类繁多，组合复杂，图案元素丰富多彩，是花纹砖中华丽、精美型的代表。

3. 浙江花纹砖

在浙江海宁长安镇的画像石墓中，也有很多精美的花纹砖，有几何纹、云纹、穿钱纹、十字纹等。其中带有文字的花纹砖很有意义：那就是在砖上

花纹砖

刻有"天"字和"π"字纹等，是象征某种意义。

其中还发现一块砖的大面印制图案，极像是铜镜纹，这是一个特殊现象。一是因为花纹砖的画像和图案一般都分布在侧面和端面；二是不但花纹与其他砖不同，且图案的分布位置也不同，成因有待考究。

除此之外，在临安的青山湖、浙江林学院新校区和昌化镇河桥附近，也看到许多花纹砖，有网状纹、菱形纹、麦穗纹、鱼纹、方格纹、线条纹、钱文、米字纹、三角纹等，所砌成的墙面显得非常美。

另外，浙江的其他地方，也出土了不少花纹转，有汉代的，也有南北朝的，从这些看似微不足道的花纹砖中，同样可以折射出汉代浙江文化的影子。

至今，全国各地出土的花纹砖不计其数，如果把所有的花纹砖图案画面汇集起来的话，将是一笔可观的文化资源。

 知识链接

中国民居砖雕的地方差异

我国民居在砖雕艺术上，可谓历史悠久，不过由于南北地域以及文化的差异，各地的民居砖雕在风格与手法等方面同样存在着极大不同。在江南地区，民居砖雕风格稍显纤细、空间层次丰富、刻工更加精良、意境表现更佳，富有文人意趣。在北方地区，民居砖雕纹饰繁缛、构图丰满、刀法浑厚朴实、在雄浑之余更是显露出其粗犷之气。岭南一带民居砖雕手法极为自由，体裁表现更加丰富，表现出的民俗意味极富情趣。在众多民居砖雕流派当中，发展最完善并且成就最高的当数山西砖雕艺术。

官吏生活类画像砖

秦汉时期，封建地主经济获得高度发展，土地兼并加剧，地主官吏及豪强商人的生活日益奢侈腐化。特别到东汉时期，宦官外戚相继专权，地主豪强纷纷扩张势力。他们大兴宅邸，声色犬马，宴饮博弈，一味追求享受。四川东汉墓中出土的一批画像砖，真实再现了地主官吏的生活。这些画像砖除了炫耀墓主人生前的地位和享受之外，同时还寄托着他们对权欲至死不渝的追求。

下面介绍几个此类画像砖的代表作品：

1. 《庭院》

成都市郊出土的《庭院》画像砖再现了汉代地主官僚的住宅情况。这是一座方形的宅院，四周有墙垣围绕。内分左右两院，中以长廊相隔。左院共分三进，头进为大门，门内有两鸡相斗。二进为中庭，庭内有双鹤起舞。三进为正厅，拾级而上，是一宽敞房屋：主宾二人正在屋内饮酒。右院为二进，前院为厨房，内有水井和灶台。中间木架上，挂有各种食物。后面院落矗立一座高楼，底层的

《庭院》

楼梯清晰可见。楼侧系有一猛犬，旁有一人正在清扫院落。画面展现了一个较为完整的地主庭院。坚实的围墙、高高的望楼、气宇轩昂的正厅，体现了庭院主人的身份和地位，为我们再现了汉代上层人物庭院建筑的风貌。而宾主对饮之乐，斗鸡舞鹤之趣，正是当时汉代地主官吏流行的风习。该画像砖高40厘米，宽4.8厘米，厚5.2厘米，现收藏于重庆市博物馆。

2. 《宴饮观舞》

地主官吏庭院高大，他们整天陶醉于酒宴歌舞之中。可谓"朱门车马客，红烛歌舞楼"。《宴饮观舞》画像砖是成都市郊丁家腰店出土的。画面中间置樽、盂、杯、勺和饮食之器具。右后方有一男一女两人共席，宴饮观舞。右前方一舞者挥袖翩跹。左前方有一人屈身伸掌，拍鼓为节。左后方二人并排端坐，一人抚琴伴奏，另一人为舞者伴唱。根据舞者服饰姿态，起舞者似为主人，因汉代有宴饮酒酣

《宴饮观舞》

之时主人起舞助兴的习俗。整个画面形态逼真、主次分明，再现了地主官吏的生活。这块画像砖原为四川名山人张毅崛的私人收藏物。1948年，四川广汉人曾敏手拓后，收入《萃珍阁蜀砖集》一书中。原拓片高42厘米，宽46厘米。

3. 《六博》

地主官吏既无春耕夏耘、秋获冬藏之劳，更无暑热寒冻、风霜雨露之苦，故整天沉醉于酒宴。饮酒博弈，便成为他们享受生活的主要方式之一。《六博》画像砖，便是他们游戏玩乐的真实写照。"六博"是我国古代的一种棋类游戏，约出现于春秋战国时期，汉代时已经很普遍。《论语·阳货篇》有云："饱食终日，无所用心，难矣哉！不有博弈者乎！"《战国策·齐策》有云："临淄甚富而食，其民无不吹竽鼓瑟，击筑弹琴，斗鸡走犬，六博蹴鞠。"一到了汉代，这方面的记载就更多。六博所用的道具有箸、棋、局三种。箸是一种上面有锯齿的长形物。棋分黑白二色，共12粒，是一种在局上行走的圆形物。局就是画有方格的棋盘。六博时，先要投箸，然后行棋。投箸往往靠运气，行棋则靠博弈者的水平。该画像砖图面上共有四人，分成两组相对博弈。帷幔之下，右上一人俯视局势，准备投箸。左上的人一只手高举，对投

《六博》

箸的结果做惊愕状。左下一人伸手于局上，右下一人凝视局势，考虑如何行棋。该画像砖画面上有一案，案上有耳杯，案前有一盂，正合一饮酒博弈之说。右下角一鹤伫立，使整个画面显得高雅宁静。该画像砖解放前出土于成都市郊，为四川收藏家曾敏所收藏。原砖高39.5厘米，宽44.5厘米。另一图为四川成都出土的一方《六博》画像砖，人物神态略有不同，可与前图比照阅览。

4. 《庖厨》

宴饮类画像砖往往与《庖厨》画像砖同时出土，借以反映墓主人在世时的生活方式。例如四川彭县出土的一方《庖厨》画像砖。图像中一人执扇扇薪煮食，身后有两人坐在长条短案旁切肉。身后的架上悬挂着畜肉。图像后部中央有四层几案，每层都置放有碗碟。三个庖夫正在紧张忙碌，为主人宴请宾客做准备工作。汉代杂曲歌谣《古歌》吟道："上金殿，著玉樽，延贵客，入金门。入金门，上金堂，东厨具肴膳，樵中烹猪羊。主人前进酒，弹瑟为清商。投壶对弹棋，

四川成都汉画像砖《庖厨》

博弈并复行。朱火飘烟雾，博山叶微香。清樽发朱颜，四座乐且康。今日乐相乐，延年寿千霜。"这首歌的歌辞描绘了地主官吏迎客、宴饮、博弈等场面，可与上文提到的几方画像砖比照阅览。

四川等地出土的画像砖除了表现地主官吏的深宅大院内的生活，还从不同角度，多方位地展现了他们的日常生活。

神话及历史故事类画像砖

神话是古代人民对世界起源、自然现象及社会生活的原始理解所产生的故事和传说。这些故事和传说往往表现了古代人民与大自然的斗争和对理想的追求。中国的神话极为丰富，许多均以文字的形式保存在古代的著作中，而在已经出土的画像砖中，也有不少以图像形式反映神话内容的作品。

下面介绍几个此类画像砖的代表作品：

1.《龙车星辰》

此砖画面上有三条身躯苍劲有力的巨龙，拉着乘坐两人的龙车，车上两人似乎都为女性，姿态窈窕。车轮为一螺旋形状，暗示出龙车超凡的速度。在车下和车后的空间里，零星点缀着几颗闪烁的星辰，把龙车行驶的背景很好地烘托出来。此砖采用浪漫主义的表现手法，把理想中的神仙世界塑造得如实景一样生动，不失为一幅好作品。

四川新都汉画像砖《龙车星辰》

2.《羽人日神》

羽人为人首鸟身，束带飘发，胸部带有圆圆的日轮，正展翅飞翔。日轮凹下，内有一阳鸟展翅与大鸟同向飞翔。

四川新都汉画像砖《羽人日神》

3. 《羽人月神》

月神也为人首鸟身，头上束髻，颈部有长长的仙羽，胸部圆形月轮，拢翅滑翔。月轮凹下，轮中有一棵树，一蟾蜍蹲于树下。

四川新都汉画像砖《羽人月神》

4. 《西王母》

"西王母"是画像砖中经常出现的神话题材，河南、四川等地均有出土，而以四川新繁县出土的一方画面最为复杂，表现的内容最多。西王母的传说，大约起于春秋战国之间。《穆天子传》《竹书纪年》《山海经》等书中均有记载。到了汉代，其传播越广。但先秦及两汉文献中记西王母事迹者，均为片段或某一个侧面。这方画像砖则将西王母在汉代的传说综合刻绘于一砖之上，为我们了解并研究西王母的神话故事，提供了形象的教材。结合有关记载，该画像砖可作如下理解。

西王母龙虎座下，有一蟾蜍，直立而舞，形态非常逼真。张衡《灵宪》有云："羿请不死之药于西王母，嫦娥窃之以奔月，遂托身于月，是为蟾蜍。"这则记载是将两种传说并为一体。该图中，蟾蜍左前足所持之物，有人认为是一弓，也有人认为是"长生药"之类。蟾蜍的下方有一长案，可能是用以置放长生药和灵芝草的地方。

四川新都汉画像砖《西王母》

汉代西王母的传说流传很广，当时统治阶级为了求得长生不死，对西王母有专门的祭祀之礼，民间祭祀西王母的习俗也很盛行。将西王母画像砖置于墓中后壁正中较高的特殊位置，说明了早期封建社会人们对西王母的崇拜和重视。

重庆博物馆收藏的《西王母》画

像砖与此同模，但有残缺。新都县出土的《西王母》画像砖内容比较简单，图像也有变化。河南郑州出土的《西王母》画像砖风格独特，画中西王母蓬发锐齿，双手执杖，双肩各立有三足鸟和九尾狐，接近早期文献中对西王母的描绘。

5. 《二桃杀三士》

《二桃杀三士》是新野汉画像砖中表现著名历史故事的作品。画面描述的是发生在公元前547年的真实故事：齐景公有公孙接、田开疆、古治子三位宠臣，他们都是当时极负盛名的武士。三人都勇气过人，但却傲慢无理，就连宰相晏婴

河南新野汉画像砖《二桃杀三士》

也不放在眼里。晏婴怕他们功大欺主，决定除掉他们。齐景公虽然同意晏婴的看法，但担心三武士武艺高强要除他们相当困难。于是晏婴献出一条妙计。晏婴给三武士送去两个鲜美的水蜜桃，并吩咐他们"计功而食桃"。三人受功名诱惑，私欲膨胀，忘记了兄弟情深，一场争斗在所难免。公孙接认为自己功大，伸手先取一桃；田开疆也认为自己功劳颇大，接着抢到第二个桃；古治子本以为自己功劳最大，见桃被分完，顿时怒火中烧，拔出宝剑，一跃而起，怒斥公孙接和田开疆。二人顿觉羞愧，放下桃子拔剑自刎。面对两兄弟血淋淋的尸体，古治子后悔自己出言太重，伤了兄弟，也自杀身亡。晏婴就这样轻易地除掉了三位勇士，实在令人感叹不已。

勇士斗猛兽类画像砖

古罗马帝国奴隶主贵族以在演技场上观看奴隶与猛兽搏斗为乐，我国古代同样有此活动。汉代专门建有饲养斗兽的兽圈，圈上建楼观以便观赏，《史记》和《汉书》等历史文献中对此有明文记载。

汉代人与兽斗可分为持械斗和徒手搏斗两种。持械斗兽所用的武器有矛、戟、钺、剑等。所斗之兽有虎、牛、羆、狮、兕、熊等，而以斗虎为最流行。

山东肥城栾镇村出土的东汉建初八年（公元83年）画像石上，左阙下一人持戟刺虎，虎人立并用前爪抓戟，阙上一人坐观。河南唐河出土的一块画

河南南阳画像砖《斗牛》

像石上，左边一人持矛紧追奔逃的猛虎，右边一人举钺跨步向前准备斗一只人立伸前爪的熊。河南南阳县出土的一块画像石上，中间是手持环首刀的勇士，正追赶一头逃遁的斗牛，身后一虎张牙舞爪地向他扑来。南阳县出土的画像石上还分别有持匕首、棒、长矛斗虎的图像。

斗兽最紧张惊险的莫过于徒手与猛兽相搏，河南南阳地区出土的画像石上，不仅常见持兵器斗兽的图像，徒手斗兽的场面也不少，其中最常见的是徒手斗牛。南阳市出土的一块画像石上，斗牛士高绾发髻，上身赤裸，下身着短裤，光着双脚，骑马蹲裆式，右手推掌，怒视斗牛，斗牛被斗士的威猛所震慑，在逃走时回首惊视。南阳县的另一块画像石上，斗牛士弓步与直冲而来的斗牛相搏。唐河针织厂画像石墓中有徒手斗虎的图像，一斗士弓步挥动双手与左右二虎搏斗，另一人双手持棒弓步以待迎面而来的猛虎。

汉代还把所谓"著假面者"称为象人，象人或乔妆各类动物，或乔妆各类神仙人物。南阳地区汉画像石上常见象人斗兽的画面。南阳县出土的一块画像石上，左边一象人挥动双臂，衣袖卷成螺形，左手执器械，飞步向前，力斗一兕，肩生双翼的神兕，耸肩低首，以长角向象人疾冲。南阳市魏公桥出土的一块画像石上，头戴假面的象人，徒手与迎面而来的猛虎相斗。南阳县的画像石上的象人则持长矛追逃虎。南阳市东关出土的一块画像石上，象人两臂挥动，搏击直冲而来的斗牛，身后的翼虎则趁机向他扑来，一人斗双兽，确实惊险异常。

象人斗兽图像的流行可能和东海黄公的故事有一定关系。《西京杂记》关

河南南阳画像砖《象人斗兕》

于东海黄公的故事是这样的：

有东海人黄公，少时为术，能制蛇御虎。佩赤金刀，以绛缯束发，立兴云雾，坐成山河。及衰老，气力羸惫，饮酒过度，不能复行其术。秦末有白虎见于东海，黄公乃以赤刀往厌之。术既不行，遂为虎所杀。三辅人俗用以为戏，汉帝亦取以为角抵之戏焉。

"东海黄公"是汉代著名的角抵之戏，它集乔妆动物戏、人物戏和幻术表演于一体，并有人虎相斗的角抵表演。张衡《西京赋》在记述平乐观前表演的角抵戏中，即有东海黄公之戏。汉画像石上的象人斗兽图像虽难与东海黄公的故事情节直接对应，但多少受其影响，而又另有发挥大概是可能的。

汉代除了勇士斗猛兽外，还有兽与兽相斗的所谓兽斗。《汉书·孝元冯昭仪传》所载汉元帝率众人到虎圈观看的便是虎与熊斗的情景。汉画像石、砖上也不乏兽斗的图像，其中以虎、兕、熊、牛等数量最多。

四川绵阳平杨府阙楼部有幅高浮雕虎斗图，上面有两只猛虎正在拼死相搏，一虎扑在倒卧于地的另一虎身上，相互狠命咬住。这是迄今所见汉代兽斗图像中最生动激烈的佳作。

南阳画像石上有虎牛相斗、熊兕相斗、熊虎相斗、狮豹相斗、二兕相斗、兕虎相斗等图像。

山东邹城黄路屯出土的一块画像石上有二牛相斗的图像，两头斗牛以犄角相抵，互不相让，左右各有一人执矛、戟观看。

山东济宁城南张汉墓画像石上有二童子引鸡相斗的图像。斗鸡在东周时的齐都临淄十分流行，汉代斗鸡之风有过之而无不及，连汉宣帝少时也"喜游侠，斗鸡走马"。在汉代甚至还出现了以斗鸡为业的"斗鸡翁"，宣帝少时便常到斗鸡翁舍游玩。

第三章

巧思妙想话砖雕

　　砖雕，也称为"硬花活"，是中国传统的建筑装饰艺术之一。它首先以物质生产作为基础，伴随建筑规模的不断发展，砖制材料在建筑中也得到了大规模的应用，是为满足当时人们质朴的精神需求和信仰追求以及审美要求等社会生活的需要而出现的艺术形式。砖雕这种独有的雕塑镶嵌工艺，不仅蕴含着生动并且璀璨的灵性，而且也明显地折射出中华民族传统的建筑结构观念、价值取向、道德伦理、风俗习性、审美情趣等方面的特点。它将质朴和柔媚、强烈和恬淡、粗犷和细腻、简洁和繁复、神秘和直白、稚拙和成熟、夸张和写实、诙谐和庄重等有机组合于方寸之间，并达到一种完美的和谐和统一。就是这些雕塑嵌筑工艺使后人得以窥探其神秘，体味其浓烈的生命气息，为我们今天探求民族的历史以及文化提供了非常珍贵的实证。

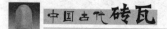

第一节
悠悠往昔砖雕情

唐朝以前的砖雕

1. 早期砖雕

商周砖雕作为建筑材料在我国的历史十分悠久，陕西扶风的晚周遗址出土过铺地方砖，由此说明，砖在周代已经开始出现，并开始用砖铺地。春秋战国时期，出现了条砖和空心砖；砖雕工艺初露端倪，这一时期的遗址常见模印花砖，纹样有米字纹、绳纹、回纹等。河北易县燕下都遗址发现的回纹方砖堪称精美绝伦，邯郸赵王城遗址的花砖残片的纹样就有好几种，凤翔秦雍城遗址中出土过表面饰有纹样的空心砖。

2. 秦汉砖雕

发端于战国晚期的空心砖墓在西汉时十分盛行，更为精致的小砖墓盛行于东汉，随着砖的形制日趋完善，砖雕在承袭前朝的基础上有了很大的发展。这一时期遗存的铺地方砖、条砖和空心砖，纹饰有乳

画像砖

突、几何纹、动物纹、吉语文字以及各种组合纹样。汉代兴起以画像砖、画像石装饰陵墓之风，其中，以东汉最为显著。东汉画像砖主要分布于四川、河南一带。这些画像砖沿袭传统的模压印花工艺，雕工更胜前朝；题材的现实性较强，内容包括神话传说、劳动生活、建筑环境、自然风光、历史传说和人物传记等，构图大多疏密有致，形象优美生动，风格质朴古拙。

著名的秦砖以骊山沉泥为原料，这种土含有的矿物质比较丰富，烧制后更加坚固，有"铅砖"之称。秦砖在模压成型的基础上，以模具加印纹饰，包括绳纹、回纹、圆形、菱形、S形和云纹等。陕西咸阳秦都遗址出土的龙纹空心砖，砖面龙形矫健，雕刻精细，构图巧妙，是秦代画像砖中不可多得的艺术精品。

3. 魏晋南北朝砖雕

南朝陵墓常以画像砖装饰墓室，并且还在砖上涂饰色彩，纹样既有竹林七贤、伎乐、武士一类的现实题材，也有四神、羽人等神话及宗教题材。这一时期，砖雕的应用范围进一步扩大，根据史料可以得知，北齐邺都的高阙用砖多有花纹，或镌刻文字。随着佛教建筑的大肆兴起，砖塔盛行，砖雕在这一领域中逐渐崭露头角。西周之时琉璃便已出现，直至北魏时期，由于西域大月氏新技术的传入才促成了琉璃在建筑上的应用。

唐朝时期的砖雕

从唐代开始用砖包砌部分城墙，由此说明砖的产量已有较大提高。这一时期的砖雕，在模压印花后再加工雕刻，因此作品更精细、立体感更强。唐代盛行花砖铺地。据史料记载，唐内阁的北厅前阶要设花砖道，供学士官员朝候之用。花砖纹样以莲花、宝相花、忍冬等为主，纹样花形饱满，十分有利于连续铺装。留存至今的唐代花砖，

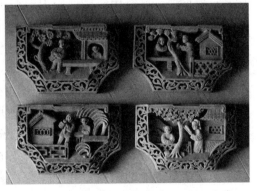
唐朝的砖雕

79

以大明宫和敦煌的地砖最有价值。河南安阳的修定寺塔砖雕为唐代精品，在多达3440余块的砖雕上，刻有侍女、童子、青龙、白虎以及释道人物共计72种图形，造型别致，制作工艺精湛，充分显示了唐代的华美风格。

模印花砖更强调雕刻元素，采用模印后再经过雕刻加工的方法，从而强化具有立体感的浮雕效果。比如用模子拓印人物或动物图案，再雕刻卷云纹相衬托，如此一来，画面就变得极为生动，并呈现出繁复富丽的艺术风格。墓室砖雕装饰之风更为繁盛、奢靡，出现了彩绘浮雕。如1995年河北出土的晚唐五代时期的墓葬，墓室壁上刻有彩绘浮雕《散乐图》和《奉侍图》，画面富丽堂皇，色彩艳丽，人物体态雍容，衣袂翩翩，颇有盛唐风采。晚唐五代人物壁画浮雕成为了后期墓室壁画人物的典范。

唐代砖雕兴盛的又一个显著标志是，砖雕从地下的墓室中走到了地上，随着砖这种材料普遍运用于建筑，砖雕更多地被用来装饰建筑物。唐代出现了许多砖塔，有四方、六角、八角和圆形等各种形状，这对宋及之后砖塔的形制产生了深远的影响。

砖在唐代不仅仅是用来建房筑塔，而且室内装潢也普遍应用。宫阙与普通宫室的区别就在于地面砖运用的不同。据考证，一般宫室用花砖铺地，而阙的表面则使用贴面砖。

宋元时期的砖雕

宋金时期，社会经济飞速发展，城市建筑兴起，砖的使用比以往任何时代都有所增加。城墙用砖砌，城内道路也用砖铺面，并且沿袭唐朝，建造了很多规模较大的砖塔，与此同时，琉璃塔也开始出现。如北宋都城东京（今开封）佑国寺的琉璃塔。由于砖的广泛使用，直接在砖上雕刻装饰的工艺，很快发展成为一种别具特色的艺术形式。

宋时墓室砖雕技术有其自身特点，往往以砖模仿木构件，直接用砖雕为浮雕，或半圆雕的人物，镶在四周墓壁上。雕刻的题材，以戏曲人物、孝子故事及花卉图案为主。其砖雕人物像，充满了世俗情怀。人物姿态生动、衣袂飘然，艺术风格较为朴实。1955年，在河南禹县白沙镇出土的几座墓葬，就是宋代墓室砖雕的精品。其中一墓在墓室砖壁上雕有墓主人夫妇浮雕像，另有桌椅器物浮雕凸出墙面，背后的侍从人物和帷幕等陪衬则是以绘画的形式予以呈现。仿佛是一出戏，演员、道具、布景，各司其职，极为生动形象。更为奇妙的是，在同一墓后室的正壁雕有宽阔的门扉，门扇半开，浮雕出从门内探身外窥的便装侍女一人，仅露出窈窕的上半身，显得可爱至极、楚楚动人。这种充满戏剧性的妇女半启门探身窥视的雕像，成为宋元雕砖中常见的题材之一。

辽金时期，墓室砖雕人物呈现出外来游牧民族的剽悍气质。人物形体健壮，浮雕线条粗犷简

宋时墓室砖雕

练，颇具稚拙的趣味。但墓葬砖雕风格，却更为华丽，如山西侯马董氏地主的砖墓，平面是方形，顶部做成八角藻井，四壁是仿木结构的斗拱和隔扇，雕刻华丽细致。

墓室砖雕，经过了宋代极盛之后，在元代逐渐趋于衰败。而作为建筑构件的砖雕则异军突起，为明清时期建筑砖雕技艺走向鼎盛奠定了基础。值得一提的是，得益于元杂剧的流行，元代砖雕中戏剧题材的广泛运用，戏曲表演、乐器演奏等成为了砖雕十分常见的题材。

明清时期的砖雕

明代初期，砖雕作为高级别建筑的装饰，在王府、庙宇等大式建筑中颇为盛行。明中期以后，石雕和琉璃逐渐取代砖雕成为高级建筑的新宠，砖雕由此降低身份，开始在民间小式建筑中普遍使用。明代中期，经济繁荣，国富民安，砖雕遍及民间市井。随着砖雕的工艺更新技法开拓，制作工艺愈加考究，题材内容更加丰富多彩，迎来了砖雕艺术的黄金时代。

明清时期，民间砖雕的装饰纹样更为丰富，可大致概括为：人物神祇、祥禽瑞兽、花草山水、器物、锦纹和字符等。砖雕装饰采用民间喜闻乐见的形式，用借代、隐喻、比拟、谐音等手法传达吉祥寓意，有约定俗成、流传

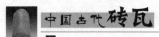

广泛的特点。例如：借桃代寿、借牡丹代富贵、借石榴代多子；以羊隐喻孝、以"暗八仙"隐喻祝寿；以梅、兰、竹、菊比拟君子德行，以荷比拟品行清廉；以蝙蝠谐音"福"、鹿谐音"禄"、鸡谐音"吉"，等等。砖雕的装饰主题可概括为祈福纳吉、伦理教化和驱邪禳灾三类。祈福纳吉是民间建筑装饰中运用最广泛的题材，民间将其概括为福、禄、寿、喜、财等，其主要内容包括：交合化育、延年增寿、招财纳福、功名利禄等。这些题材平易近人，以朴素而直白的艺术语言表达民众对生命价值的关注，对家族兴旺的企盼，对富裕、美满生活的向往，以及对自身社会地位的追求。砖雕装饰的题材内容，充分反映了民间百姓的传统思维方式、文化观念与伦理准则，寄托着人们世世代代的美好企盼。

　　清代中叶，受西洋"巴洛克""洛可可"等西洋建筑风格的影响，盛行模拟洋房所谓的"乾隆风格"，这类建筑以装饰繁复为其显著特征，常常以砖雕为装饰手段。清晚期，雕饰之风日益盛行，砖雕工艺也日趋细致繁丽。受

明清时期的砖雕

其他雕刻艺术和建筑彩画的影响，砖雕工艺精妙绝伦，风格烦琐令人叹为观止，广泛施用于门头、墀头、廊心墙、照壁等部位。灰塑是砖雕派生出来的一种工艺，此时也大派用场，并在岭南沿海地区大行其道，使建筑呈现出绚丽多姿的面貌。琉璃则越来越尊贵，成为皇家建筑的标志，民间仅在寺庙中得以留存。明清时期开始形成各具特色的砖雕流派，有徽州砖雕、苏州砖雕、广东砖雕、甘肃河州砖雕以及北京砖雕等。

 知识链接

民国以后的砖雕

民国时期，砖雕技法不断开拓，砖雕出现了前所未有的形式——中西合璧的混搭风格。如民居中出现了突兀矗立的罗马柱，或者遮蔽在青瓦白墙的风火墙之后的是一幢欧式小楼。这些镶嵌在罗马柱上或欧式小楼上的砖雕，将中国传统的砖雕工艺与西洋风格紧密地结合了起来。浙江湖州南浔镇的张石铭故居、崇德堂等就是民国砖雕的典范。

值得一提的是，民国年间，临夏砖雕艺人辈出，其中以回族老艺人绽成元、周声普最为有名。绽成元的代表作有集河州砖雕之大成的东公馆砖雕，周声普的代表作有临夏红园一字亭南侧壁上的《泰山日出图》等。

新中国成立以后相当长的一段时期内，古建筑需求趋少，砖雕技艺的传承步入了尴尬的境地，面临生存的危机。砖雕艺术珍品流失严重，日见减少。但改革开放以来，百业俱兴，随着古典建筑园林、寺院、名宅故居修复重建的市场需要，传统的砖雕又焕发出蓬勃的生机，涌现出了新一代的民间砖雕艺术家。他们大都出身于雕刻世家，从小耳濡目染于雕刻技艺，喜爱这一独特的手艺，并孜孜以求，勤学苦练，创作出许多佳作传世。

第二节
砖雕技法与工艺

 **制砖工艺**

制作砖雕的原料是水磨青砖，它与砌筑墙体的普通黏土砖有所不同，是特制的。

制砖的步骤主要分以下七步：

1. 取土。烧砖用的土壤取自地表下 2 尺深的古土壤，这层土壤的颜色略深于地表土，它形成于大约 8 万至 12 万年前。当时，地球气候温暖湿润，丰富的生物作用使这时期形成的土壤柔和而有黏性，是烧制砖瓦的绝佳材料。

2. 挖掘出来的黏土，在经过长达半年左右的露天堆积过程中，让阳光照射、雪雨冻蚀，使其内部分解松化，再经过手工粉碎、过筛，只留下细密的纯土。

3. 将纯土加水滋润，然后反复和练，或使牛力踩踏，使其变成稠泥，人力翻泥和练大致要 5 ~ 6 遍，这一工序对成品砖的质量起着至关重要的作用。

4. 将泥土翻填进木制的制坯模中，压实后，用铁线弓刮去多余的泥，制成坯形。制坯之前，要在木模下的地上撒一层细沙，以防泥与地面粘连。

古代瓦当与古砖

5. 脱模后的砖坯要放置背阳处阴干，以防曝晒使砖出现裂纹或变形。

6. 待砖坯完全干燥后（大约1~2个月），便入窑烧制，这个过程是整个制砖过程中最重要的一环。一般的砖质使用煤炭作燃料即可，而密实度更高的滤浆砖则需用麦草、松枝等慢慢缓烧。

7. 经十数天的烧制，坯体基本已被烧结，如这时慢慢熄火，外界空气进入窑内，坯体冷却后会显现红色，这就是我们常见的红砖。青砖则要在窑内转锈，方法是在高温烧结砖坯时，用泥土封住窑顶透气孔，减少空气进入，使窑内温度转入还原气氛，这样，坯体的红色高价铁氧化物就会被还原为青灰色的低价铁氧化物。为了防止坯体内的低价铁重新被氧化，还要在用土密封的窑顶上泼冷水，使水遇高温变成蒸气，吸收窑内热量，窑内坯体在这一冷却的过程中继续保持着还原气氛，直到完全冷却后出窑。由黄土变成青砖的过程就完成了。

 知识链接

清徐砖雕

清徐砖雕历史悠久，载负着各个时代不同的文化传承，也留下了不同的时代烙印。在清徐境内都沟新石器遗址、马峪谷文化遗址中，相继出土了大量灰陶、黑陶和彩陶。经专家鉴定，这些陶器概属仰韶文化，说明早在夏商之前，清徐先民已经掌握制陶烧砖技艺。

砖雕的主要技法

砖雕的雕刻技法有单层雕、多层雕（贴砖法、堆贴法）、阴刻（刻画轮廓）、浅浮雕（压地隐起）、深浮雕、高浮雕（剔地起凸）、圆雕（不附着任何背景，适宜于从多角度观赏的立体雕）、透雕（将底板或背后镂空的浮雕）

和减地平雕（阴线刻画形象轮廓，并将轮廓以外的空地凿低铲平）等。雕刻刀法有圆刀、平刀、直刀、斜刀等，可灵活运用，刻出的线条自然流畅、简洁明快。砖雕早期常用印模工艺。传统建筑物上的瓦当、花条或贴面砖，还有古时墓室里的圹砖，上面往往印刻着简单的图形花纹，这些砖雕一般采用印模烧塑工艺。就是将相关纹样先刻画在印模上，在砖未干时将印模压印在砖坯上，然后再入窑烧砖。如果印模是阳刻的，成砖为阴文；相反，印模是阴刻的，成砖则为阳文。

雕刻又可分为窑前雕和窑后雕两种基本技法。窑前雕，顾名思义，就是在入窑前进行雕刻。其实窑前雕更像是做泥塑或面塑。选择上好的泥土揉搓捏压（就像是揉面），揉出韧性后（练泥），或压入模具，或捏出形态，俗称"捏活"。阴干后再以扦、刮等手法加工，然后入窑烧制。能否烧制出理想的作品，只能依据艺人的经验与感觉，这其中有太多不可把握的因素。所以，

阳文砖雕

窑前雕的成品率较低，这也是窑前砖雕工艺的一大难题。

窑后雕就是在烧制完成的砖坯上雕刻凿打。选料时，除了要注意水磨青砖的质地外，如果雕刻的是一组作品，那么这一组砖的砖色和致密度一定要相同。

我们通常所指的砖雕，是在烧好的砖料上面雕刻的工艺手段。砖雕的工序大致有以下步骤：

（1）磨砖。将砖切割成需要的尺寸，把需要雕刻的一面和四周磨成平面。

（2）放样。根据图纸或传统图谱，按照需要的尺寸进行内容设计和放样。

（3）过画。将放好的图样拷贝到砖料上，传统工匠也有用点燃的香沿着图案的线条一点一点地烧透画面，将痕迹留在砖料上的方法。

（4）耕。用小细錾沿画出的线条刻画一遍，以保证图形清晰。

（5）打窟窿。用小錾将图案以外的空隙剔空到需要的深度，以显出图案的大致轮廓。

（6）镶。对图案的深浅层次、遮挡关系进行大略表现。

（7）齐口。对图案进行精细的加工，雕刻出大形上的细节部分，调整个别形象。

（8）磨。用磨石或砂纸将图案内外粗糙的地方磨平。

（9）上药。用白灰、砖面和水调成与砖颜色相同的糊状物，也就是俗称的“药”，涂抹在沙眼等残缺之处，进行修补。

（10）打点。待“药”干后，用砖面水擦净图案，一件清水砖雕活儿就完成了。

另外还有贴砖法，这种方法为清时天津砖雕艺人马顺清、马少清父子所创。即通过拼接、粘贴的手法，在砖雕的平面上进行局部增贴雕刻，以加强立体感。特别是一些高浮雕作品，为了增加层次，往往要用粘贴的手法，在需要的部位再加上一层或多层砖雕，最多时能够做出九个深浅不同的层次，作品的纵深感得以大大强化。

堆砖是一种独特的砖雕表现手法，它是将砖堆出各种花纹，在起到装饰作用的同时还对建筑结构和本身起到强固的作用。在传统民居和园林的护栏女儿墙、剑墙等部位，这种表现形式较为常见。但有的堆砖还起着建筑结构上的承重与牵拉作用，例如砖砌无梁殿就是完全靠砖叠的手法，从而使建筑在拱顶的支撑下屹立不倒。

印模工艺

从瓦、瓦当，到砖，再到砖雕，说明陶质建筑材料在建筑中不同功用的发展和演变。而随着文化思想和基础技术的进步，砖雕制作工艺的技术手段也有相应变化。比如制作一块砖雕前的打磨工序，以前是使用石头磨，而现在则采用打磨机来完成，工效要提高数十倍。但尽管如此，由于砖雕艺术的制作特性，其整个流程中的大部分工序，依然必须由手工来完成，精细之处更是需要有经验的高手来操刀。

用于建筑堆砌之用的砖瓦通常都采用套模制作。这样不仅使成品尺度统一，而且使生产效率提高，以满足建筑对砖瓦的基本需求。

砖范是制砖时所用的文字印模。我们行走于街道、路巷之时，经常可以看到许多传统建筑的屋檐之处所使用的瓦当或花条。这些瓦饰件，在制作成坯时，便是使用模具压制而成，然后阴干入窑烧制的。

使用模印制作，往往是些数量大，且多重复的简单几何纹饰，多用于瓦当、花条以及贴面砖。古时的圹砖也大都采用印模制作。磨具有木质材料，也有陶质材料的。在使用时既有将调和好的泥压进磨具的，也有将印模盖压在砖、瓦坯上的。

《天工开物》中对造瓦的讲述，可以使我们了解到其工序中模具的使用状况。《天工开物·陶埏篇》中对造瓦表述如下：

瓦：凡埏泥造瓦，掘地二尺余，择取无沙黏土而为之。百里之内必产合用土色，供人居住之用。凡民居瓦形皆四合分片。先以圆桶为模骨，外画四条界。调践熟泥，叠成高长方条。然后用铁线弦弓，线上空三分，以尺限定，向泥不平戛一片，似揭纸而起，周包圆桶之上。待其稍干，脱模而出，自然裂为四片。凡瓦大小古无定式，大者纵横八九寸，小者缩十之三。室宇合沟中，则必需其

瓦当的印模

最大者，名曰沟瓦，能承受淫雨不溢漏也。

　　凡坯既成，干燥之后则堆积窑中，燃薪举火。或一昼夜或二昼夜，视窑中多少为熄火久暂。浇水转釉，与造砖同法。其垂于檐端者有"滴水"，下于脊沿者有"云瓦"，瓦掩覆脊者有"抱同"，镇脊两头者有鸟兽诸形象。皆人工逐一做成，载于窑内，受水火而成器则一也。

　　若皇家宫殿所用，大异于是。其制为琉璃瓦者，或为板片，或为宛筒，以圆竹与斫木为模，逐片成造。其土必取于太平府。造成，先装入琉璃窑内，每柴五千斤烧瓦百片。取出成色，以无名草、棕榈毛等煎汁，涂染成绿、黛、赭石、松香、蒲草等，涂染成黄。再入别窑，减杀薪火，逼成琉璃宝色。外省庆王殿与仙佛宫观间亦为之，但色料各有配合，采取不必尽同。民居则有禁也。

浮雕工艺

　　浮雕，是在平面上雕出凸起形象的一种雕塑。依表面凸出的厚度不同，分为高浮雕、浅浮雕，在同一件作品上，往往二者结合使用。

砖雕——浮雕

浮雕中还有一种线刻，即是在平面上凿刻凹下去的线条来描绘形象。另外还有一种雕刻深度非常浅的浅浮雕形式，俗称"薄衣刻"。

 透雕工艺

透雕是介于圆雕与浮雕之间的一种雕塑形式。它是在浮雕的基础上，镂空其背景部分，有的为单面雕，有的为双面雕。这种手法可以更显雕刻面的深度层次，以及体现雕工的精致与细腻。

透雕

圆雕工艺

圆雕，是一种不附着在任何背景之上，可以前后左右进行观赏的，完全立体的雕塑形式。砖雕中使用圆雕手法的多见于屋顶上的装饰件，如鸱吻、走兽以及仙人或传说人物的雕塑装饰件等。

堆砖工艺

堆砖，是一种纯粹的堆叠手法，即使用砖营建出多种结构或装饰图案。如在大型砖塔的建造中，运用砖的堆叠，模仿出木结构的形式，不仅在审美上迎合了大众的审美情趣，使建筑物表面不致单调呆板，起到了良好的装饰作用，而且在结构上也提高了承重与牵拉作用。在民居中，堆砖手法则更多地运用在护栏、女儿墙和剑墙等部位，这样既省料，又美观，是丰富和美化建筑细部装饰的表现手法。

圆雕

第三节
地方著名砖雕

天津砖雕

　　天津，是个移民城市，砖雕工艺随着建筑装饰艺术的兴盛应运而生。远在明清的时候，就有许多富贾商人和官宦人家在津门定居。他们大兴豪宅，互相攀比，在宅院的墙、门楼、影壁等处多以砖雕作为装饰，这在一定程度上促进了刻砖艺人数量的增加，当然也导致了砖雕技术水平的提高。

　　砖雕，在天津又被称"刻砖"，清乾隆、嘉庆年间，还由瓦工兼做。能胜任这项工作的匠人被称为"刻花活儿的"或者叫"凿花活儿的"，其工作被称为"细活儿"。其中以宁四爷和马士海的造诣最高。宁四爷，家住河东，他以刻花鸟、动物见长，尤精于刻猿猴，所刻《白猿捧桃》《封侯荫伯》《马上封侯》等颇受人们喜爱。马士海的砖刻作品，朴厚凝重，线条粗犷，具有中国北方艺术的豪爽风格。

　　天津砖刻发展为独立的专门行业是在清朝道光年间，从此历久不衰，代有传人，技艺也有很大的发展。

　　马顺清的作品，气势十分磅

天津砖雕

91

礴，形象圆厚朴实，线条生动流畅，装饰趣味比较浓郁，画面的主次极为分明。其工艺技巧上，善于运用磨砖对缝的方法，使构图的整体性强，刀法稳健，并以豪放著称。除此之外，马顺清还发明了"贴砖法"，贴砖法就是根据构图需要，在原砖基础上，用黄蜡和松香制成的黏合剂，将另一小块儿砖粘贴在砖面上，采用这种方法可增加砖面的厚度、增大画面的空间，从而使作品层次分明，有透视感。此外，他还采用多种雕刻的技法，将线刻透雕与高浮雕并用，然后粘连拼合，使层次更加突出，产生了远、中、近景皆分明的艺术效果。后来，马顺清的儿子马少德、马少清，外孙刘恩甫、刘凤鸣，徒弟穆成林、何宝田等人，又继承和发展了他的"贴砖法"，并逐渐形成了天津刻砖艺术的显著特点之一。

由于马氏父子的刻砖作品构思精巧，内容丰富多彩，因此，旧时许多豪门大户的宅第建筑装饰都是由他们完成。如天津的老"八大家"之一，被清咸丰皇帝封为"一品顶戴"的大盐商张锦文（绰号"海张五"）家的祠堂、老城西北角的清真大寺以及老城厢和附近乡镇的大宅院，都留有马氏父子的杰作。

除以上列举的人物之外，较有名气的刻砖艺人还有赵连壁，他是马顺清的邻居，又是盟弟，时常相互交流刻砖技艺。其作品形象饱满，栩栩如生。其子赵恩祥，对花鸟十分擅长。他们父子能采用国画的构图方法，使所刻的砖面远近分明、疏密得当、意境深远。其刀法朴拙、刚劲挺拔。此外，还有杨壁臣，其作品以追求构图简朴、富于装饰性而声名远播。

近百年来，最杰出的刻砖艺人是有"刻砖刘"美誉的刘凤鸣。"刻砖刘"刘凤鸣，清光绪十六年（1890 年）生于天津，回族，他是刻砖名匠马顺清的外孙。从小对刻砖艺术耳濡目染。正式向外祖父马顺清学艺是在 15 岁时，后又跟舅父马少清学，28 岁时能独立创作。他的作品构思精巧、内容丰富，既生动、含蓄，又富有装饰性，从而形成了自己独特的艺术魅力。

刘凤鸣在观察事物的时候十分细心，广泛地吸取建筑上的彩画，寺院、坟茔上的砖石雕刻，杨柳青年画和旧式花灯上的人物、花卉、楼台亭阁等花样的表现方式，从中汲取营养，经过很长时间的积累，使他的脑海里留下了许多画稿，他在平日的刻砖实践中，一般都不用提前画稿，只略加思考和构思，便可在砖上刻出数层的人物或风景等，而且形象逼真，栩栩如生。

除此之外，刘凤鸣还继承和发展了马氏父子创造的"贴砖法"，使贴一块砖增加到贴数块，从而使砖面的起伏更大、更明显，形成了"堆贴"。如此一来也使作品的立体结构更加突出，无论从正面还是从侧面看，都给人以美的感受。《九狮图》就是他用"堆贴法"创作的代表作。刘凤鸣在这件作品中，熟练地运用了透雕、浮雕和镂空等雕刻技法，使作品体现出层次多、立体感强和装饰性强的特点。

旧时的建筑，讲究三合院或四合院。其磨砖对缝的虎座门楼，好几层高台阶和封闭式的院墙上，经过刘凤鸣刻雕出的各种花形，立体装饰效果都很强。如屋脊上的大兽、房檐两边的斗板、挂楼、直檐、锁妖、炉口、半活以及房顶上的烟囱等，都经过了精雕细琢。由于刘凤鸣刻砖技艺精湛，手法细腻，作品表现的人物、动物、花鸟、屋宇等已非剪影的形式，人的眉目、动物的羽毛、花草的花蕊、筋脉等都刻画得细致入微，加之其作品的表现力强、立体感突出等，形成了独特的艺术风格。他的刻砖绝技使他获得了"刻砖刘"的美誉。

"刻砖刘"早期的刻砖代表作有《合家欢乐》《龙凤呈祥》《常年富贵》《十鹤十鹿》《扶苏花篮》等；后期有《九狮图》《龙凤图》等。特别是他在七块砖上拼成一丈左右长的《三国演义》，人物众多，形象生动、逼真，并有茂密的丛林、巍峨的城堡和汹涌的江河作衬托，使作品具有很强的艺术感染力。

"刻砖刘"从事泥瓦建筑和刻砖长达70余年之久，不仅将马氏刻砖的技艺得以很好的继承，而且还有所发展，有所创造，为天津刻砖艺术事业留下了辉煌的业绩。此外，他在天津工艺美术厂供职期间，还培养出了许多艺术人才，为天津刻砖艺术后继有人做出了贡献。

1979年11月15日刘凤鸣逝世，享年89岁。其子刘书儒曾追随父亲从事刻砖，直至20世纪60年代。然而，随着时代变迁，刻砖作为建筑装饰的社会需求量逐渐减少，使天津的刻砖艺人也随之大量减少，这就使大型建筑刻砖的装饰艺术已成为历史。目前，在中国第一家捐赠博物馆、天津市区唯一保存完好的传统民居东门里徐家大院（天津老城博物馆）及保存完整的"中国华北民居第一宅"的杨柳青石家大院等地，还可一睹天津刻砖的特色。如今，天津人习惯地将"刻砖刘"与杨柳青年画、"泥人张"彩塑、"风筝魏"风筝并称为天津民间艺术之四绝。"刻砖刘"和其他著名的刻砖艺人之代表作，天津市博物馆亦都有收藏。

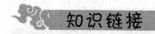

知识链接

纪年画像砖

汉代时期的画像砖是汉时的巧匠们为了表现画面所运用的一种特有的艺术创作手段。它是集绘画与雕塑为一体的综合工艺。把看似简洁的构图，缩小成了丰富多彩的神仙境界和想象中的空间。尽管没有帛画、壁画、画像石艺术表现手法那样气势恢宏、泾渭分明，不过画像砖独有的艺术表现手法，则是综合了帛画绘画技法、壁画、画像石的雕刻技法而形成了独有的画像语言和审美意趣。

纪年画像砖是继承了画像砖的基本构图模式，只不过在原先的画像基础上增加了纪年铭文，从而形成的一种画像奇葩。它不仅淋漓尽致地发扬了汉画像的绘画与雕塑艺术，同时发扬了汉字书法艺术。在不同的历史发展时期，画像表现着不同的精神追求以及艺术审美特点，而想要准确辨别各个历史时期的画面内容，只有画像砖中的奇葩——纪年画像砖。

山西砖雕

山西古民居非常多，明清时期，山西商人凭借其聪明才智和艰苦努力，在商场上叱咤风云，乘势崛起，其经商足迹遍及全国直至海外，成为当时能与南方徽商相抗衡的颇具经营实力的北方商帮。这些富商大贾发迹之后，很多回到故乡，以其雄厚的资财大修宅第以炫耀门庭，于是，一座座古朴凝重、气势宏伟、布局精巧、装饰精美的深宅大院在山西各地相继建起。这些民居建筑，多普遍采用砖、木、石雕和彩绘工艺，是多种艺术相互融合的产物。特别是随处可见的砖雕工艺，浓缩了山西民俗文化，凝聚着广大劳动人民的智慧和汗水。这些艺术品技艺精湛、独具匠心，堪称一绝，它们虽已历经了上百年岁月的磨砺，但至今仍栩栩如生、熠熠生辉，具有独特的艺术风采，

山西砖雕

令人叹为观止。

　　山西民居砖雕素来以完整美观、庄重大方的艺术风格闻名于世。山西砖雕构思巧妙，工艺精湛，线条流畅，物象生动逼真，景物层次分明，反映出砖雕工匠们精湛的艺术造诣，有很高的艺术价值。砖雕作为建筑的装饰构件，既有独立的观赏价值，又与整体建筑浑然一体，它采用多样的形式和手法，运用丰富的想象力和表现力，或典雅、或清新、或庄重、或活泼，具有强烈的生活趣味，且蕴含着丰富的哲理和思想内涵，体现了宅院主人传统的道德文化和审美情趣，展现了山西这一地区深厚的传统文化底蕴和灿烂的民间艺术。

　　明清时期，山西民居建筑中的砖雕艺术品，工艺精妙绝伦，注重情节和构图，线条流畅，形象生动，雕刻层次复杂但又具有有条不紊的特点，有着很强的艺术观赏性。而且砖雕图案的取材也颇为广泛，可谓繁花似锦、异彩纷呈。综观山西古民居砖雕，其主题主要包括以下几种。

　　（1）各种人物故事图。有"和合二仙""八仙过海""刘海戏金蟾"等神话人物；"桃园三结义"、"拾玉镯"等戏曲人物；"五子夺魁"、"五子进宝"等儿童游戏图及"燕山教子"、"陶渊明爱菊"等历史人物。

（2）民间吉祥动物图。如"二龙戏珠"、"龙凤呈祥"、"鲤鱼跳龙门"、"狮子滚绣球"、"松鹤延年"、"五福（蝠）捧寿"、"麒麟送子"、"三阳（羊）开泰"、"马上封侯（猴）"、"封（蜂）侯（猴）将相（象）"、"凤凰牡丹"、"喜鹊登梅"、"猫蝶（耄耋）秋菊"等，另外还有龙、凤、麒麟等"脊兽"，反映了人们希望延年益寿、家庭兴旺的美好愿望。

（3）民间吉祥植物图。有四季花卉——春牡丹（富贵之花）、夏莲花（纯洁美丽之花）、秋菊花、冬梅花等；花中君子——梅、兰、竹、菊；象征多子多孙的"葡萄百子图"、"连（莲）生贵子图"；四果——石榴（留）、佛手（福寿）、仙桃、香元（圆）；象征长寿的灵芝、松、柏，等等。这些图案充分表达了宅院主人崇尚道德修养，追求吉祥幸福人生的美好愿望。

（4）各种隶书、篆书等文字雕刻。有"福"、"禄"、"寿"、"喜"字，有砖雕门额"静观"、"洞达"等。祁县乔家大院有"百寿图"、"省分箴"两处大型砖雕照壁，是典型的书法文意俱佳的艺术精品。

另外，还有采用组图形式将许多情节连贯、生动形象的图案巧妙地组合在一起的，如"四逸图"、"二十四孝图"等组图，也有的雕刻其他文学故事、戏曲故事、民俗风情、神话故事、民间传说，等等。

砖雕作为民居建筑的重要装饰艺术，由精湛的技艺、深厚的文化内涵与独特的艺术手法熔铸而成，清新质朴而又巧夺天工、浑然天成。砖雕对整座建筑起着画龙点睛的作用，不仅彰显着户主的身份和意趣爱好，也载负着各个时代不同的文化传承，有着很强的时代烙印。

徽州砖雕

徽州地区位于安徽、浙江、江西三省交界处，据地方志记载，西周以前，属《禹贡》所说的扬州之域。春秋时属吴，吴亡则属越，越亡而属楚。秦统一六国之后，在徽州置黝、歙两县，属会稽郡。楚汉之际属鄣郡，东汉末年，孙权派部将贺齐平定黝、歙两县，设始新（今淳安）、新定（今遂安）、黎阳、休阳（今休宁）、黝、歙六县，置新都郡。西晋太康元年（280 年）更名新安郡。隋置歙州。北宋宣和三年（1121 年）改称徽州，辖境相当于今安徽的歙县、休宁、祁门、绩溪、黟县及江西的婺源县等地。明、清仍有袭用，至1912年始废止。徽州的历史从秦置郡县开始算起，迄今已有2000多年了。

　　明代南直隶徽州地处低山丘陵，地瘠人众，出现了"土田不重"、"仰给四方"的情况，其民多外出经商，并借山区所产的自然资源：松、杉、竹、桐、茶叶和漆等经济作物，将产品加工外运，换取日用必需品。随着生产力的日益发展，经商的人越来越多，逐步在商界形成一股强大的势力。明末清初，徽州的商业资本得到了空前的发展。这一时期，徽商在全国处于十分显赫的地位。徽商足迹遍及天下，甚至有"无徽不成镇"的说法。清代乾隆、嘉庆年间是徽州盐商的鼎盛时期，徽商所赚得的巨额利润，除了课税、捐输以外，大量的资金用于穷奢极欲的生活享受。徽州地区在明清两代外出经商致富的人们，由于受宗族思想和乡土情结的影响，把大量的积蓄携归乡里，营建起住宅庭院、祠堂宗庙等建筑。由于他们不断相互攀比，从而形成了独具特色的徽州民居。

徽州砖雕

徽州地区从宋代起，就十分重视科举，"十户之村不废诵读"，"以才入仕，以文垂世者"甚多。明清两代中科举而入仕途的人也相当多，有"连科三殿撰，十里四翰林"之说。明末清初的新安画派和徽派版画，都是以府治歙县为中心发展起来的。当时徽州的画家和名工巧匠人才辈出。如今徽州地区保存下来的明清建筑中的砖雕、木雕、石雕以及彩绘，都具有相当高的艺术水准，这与徽州地区几百年来文风昌盛是密不可分的。

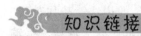

知识链接

鲍四首创砖雕

在徽州有这样一个传说：砖雕是由明代窑匠鲍四首创的。当年鲍四从父辈那里学会了烧窑，砖、瓦生意虽好，但烧砖的赚头不大，积财不易。他看别人外出经商后回乡里，都怀揣着大把银子不免为之心动。于是鲍四变卖了砖窑到淮安去做生意。鲍四经过几年的经营，赚得无数财富而成为徽州的首富。富起来的鲍四得意忘形，在淮安建了鲍四庙，还塑了全身像供奉起来，又张扬着要筑一条鲍四街，并说自己的钱财无限。这时一位手抱长颈瓶，瓶插杨柳枝的中年妇女，来到鲍四跟前说："鲍老板，你别吹牛，世上只有技艺无尽头，哪有什么钱财无限。"鲍四听了涨红了脸，说："你会什么技艺！"中年妇女说："我会做莲花。"鲍四不信，凭着钱多，提出要打赌，自己一步放一个元宝，对方得跟着放一朵莲花，一决输赢。那妇人满口答应，向前走一步，用手往地上一指，地上便现出一朵莲花，鲍四便跟在后面放上一只元宝。这样一步一放，半里路下来，那妇人的莲花还有，但鲍四的元宝已没有了。鲍四只好认输。淮安人使用地上的元宝在那放莲花的路面上盖了街房，起名叫"莲花街"。鲍四一下身无分文，只得砸了庙中的自身像，凑了点盘缠，回到徽州重操旧业——烧窑。有人告诉他那以莲花赌元宝的妇女是观世音，鲍四领悟，"钱财有限，技艺无穷"是神仙教诲，从此一心归门烧砖。由于对莲花印象太深，便烧起莲花砖，渐渐又在砖上刻了花木、虫鱼、人物、楼阁。三年后，鲍四技艺逐渐娴熟，收了几个门人一心研究砖雕。其时，一些徽商发财致富后，纷纷回故乡大兴土木，修祠堂，建宅第，往往不惜重金。秀丽精美、清新淡雅的砖雕被广泛应用。从此徽州砖雕发展起来，名扬全国。这尽管是个传说，但是其中所强调的"技艺无穷"，是的的确确道出了为人立身处世的真言。

从众多徽州建筑的外形看，徽州民居外围用高墙封闭。高墙大致有三种形式，其一是山墙不出头，沿着屋顶的斜坡呈人字形（即普通的山墙形式）；其二是山墙高出屋面，呈梯阶形（最具特色的风火墙）；其三为山墙呈弓形。这些形态在一幢住宅中，有时用单种形式，有时多种形式混用。

徽州民居的结构大多是砖墙，以木梁架和方砖铺地，与南方各地的房屋基本没有区别，但是在建筑艺术上却有其鲜明的地方特色。由于封建社会的营造法规的限制，这些住宅大体都具有舒适而紧凑、质朴而华丽的特点，与当时宫殿王府的宽大豪华有显著区别。徽州建筑中的"三绝"就是指石雕、木雕和砖雕，即在砖、木、石等普通材料上施以秀丽雅致的雕刻。整个建筑的各部位都以各式各样的雕镂加以装饰，而其中极富特色的便是砖雕。

砖雕有平雕（线刻或薄衣刻）、浮雕、立体雕刻等，题材广泛，色彩浓厚。采用"掷地有声"的青灰砖进行作业，广泛应用于民居建筑中的门、瓴、顶、檐等处予以点缀装饰。今天的歙县、黟县、休宁、屯溪、婺源等地随处可见这一古老而淡雅的艺术品，伴随民宅历经百年。

徽派砖雕初期承袭石、木雕刻的风格，多高浮雕、线条粗犷、古拙朴素。到明末清初，绘画与木刻的发展对砖雕产生了积极的影响，砖雕也一改明初时期粗犷、稚拙而朴素的风格，逐渐走向写实、精细、繁复，题材上也有很大的拓展。清末至民国初年为徽州砖雕发展的鼎盛期，其雕刻工艺特别细腻复杂，处理上大都是前景对象施以圆雕或半圆雕，中景的场景如楼阁、廊柱为镂雕，背景的屋宇、山水树林等雕刻辅以一定深度，前后可多达9个层次之多。

徽州砖雕具有浓郁的民间色彩，其题材包括翎毛花卉、龙虎狮象、园林山水、戏剧人物等。明末清初，徽州砖雕风格更趋于细腻繁复，注重情节和构图，透雕层次加深。在尺方见余，寸厚的砖坯上雕凿出情节复杂，多层面的砖雕作品。许多至今还保存着的明清古建祠堂、大厅、寺庙、书院和民居中，有大量砖雕广泛地应用于门楼、门罩、八字墙、镂窗、屋檐、屋脊、屋翎以及旌表牌坊、神位龛座等，从而使建筑物典雅、庄重，并富有立体装饰效果。"门罩迷藻悦，照壁变雕墙"是徽州砖雕应用的真实写照。

徽州砖雕涉及的题材非常广泛，人物、山水、花鸟、走兽、八宝博古、几何纹形、文字等，几乎无所不包。

人物为主的题材有：民间传说、名人逸事、文学故事、戏曲唱本、宗教神话、民俗风情等，既描绘帝王将相的雍容、文人墨客的风雅、商贾远行的艰辛、莘莘学子的企盼，也记录日常劳作中的砍柴樵夫、侍耕农夫、放牛牧童、纺织村姑，以及推车、担水、撑船等劳动形象，还有孩童嬉戏、耍灯演戏、舞龙舞狮等喜庆场面。

徽州砖雕中也不乏大量人物故事，如小说题材有《三国志》里的"关云

徽州山水人物砖雕

长夜读春秋"、《水浒传》中的"武松打虎"、《红楼梦》中的"大观园惜春作画"、《西游记》里的"比丘国救婴儿";戏剧题材有"郭子仪拜寿"、"刘备招亲"、"古城会";神话传说有"和合二仙"、"八仙过海"、"蟠桃宴会";民间故事与民俗方面的有"彩衣娱亲"、"牛皋挂帅"、"百寿堂"、"百子图"、"太白醉酒"、"五谷丰登";以及不胜枚举的表现社会习俗、伦理观念的故事画。凡是以动物、花卉、虫鱼为题材的砖雕,都象征着万事如意、富贵吉祥,如龙、凤、狮、虎、麒麟、仙鹤及牛、马、羊、鹿、猴、鳌鱼、犬、兔、雁、鱼等。它们都是寓意生活喜庆、飞黄腾达的口彩,如"双狮抢绣球"、"二龙戏珠"、"龙凤呈祥"、"麒麟送子"、"鹿鹤同春"、"丹凤朝阳"、"五福(蝠)捧桃(寿)"、"封(蜂)侯(猴)将相(象)"等,真是不胜枚举、包罗万象。纯花卉的图样更是举不胜举,除松、竹、梅"岁寒三友",梅兰竹菊"四君子"外,牡丹、荷花、石榴、枇杷、荔枝、柑橘、白果、枣子、花生、蔬菜等,也都是经常采用的雕刻对象。这些形象大都是用折枝、散花、丛花、锦地叠花、二方连续、四方连续等手法,寓意喜庆、幸福,从而将人们的美好愿望进行传达。寓意吉祥的图案,在徽州砖雕中风靡一时,达到了"图面有意,意在吉祥"的境界。静物砖雕如八宝、博古、用具摆设、几何纹形、文字形等,在砖雕图案中也占有一席之位,这些钟鼎古玩、琴棋书画被组织在花纹环绕的或底衬的饰地中,琳琅满目,妙趣横生。

另外屋脊上装饰的正吻、檐角、戗脊等处有吉祥图案、神灵套兽等,是为了镇住风水说中的四方"风"、"霜"、"刀"、"剑",以及用来防止"魔鬼"的袭击与侵害,将屋宇安全寄托于神灵保佑。

在徽州地区,石雕、木雕、砖雕在题材内容上、艺术表现上有着很多的共同之处,但因所选材料的质地不同,所针对的技艺手法则各有特点。在徽州地区的这"三雕",又往往以素面相对,不施彩绘,更给人以肃穆庄重、华丽其中的感受。

徽州砖雕的用料与制作是十分讲究的。一般采用经特殊技艺烧制、掷地有声、色泽纯正的青砖为材料,先细磨成坯,在上面勾勒出画面的部位,凿出物象的深浅,确定画面的远近层次,然后再根据各个部位的轮廓进行精心刻画,局部"出细",使事先设计好的图案一一凸显出来。砖雕在歙县、黟县、婺源、休宁、屯溪诸地十分常见。古老民居、祠堂、庙宇等建筑物上镶嵌的砖雕,虽然历经风雨,但是仍然精巧无比,给人以美的享受。安徽省博物馆藏有《郭子仪上寿》、《百子图》等，都是徽州砖雕的代表作，且是技艺精湛的完美体现。

屯溪博物馆收藏的藏品《清代人物门罩砖雕》，颜色为淡灰色，土质细腻、坚硬，由52块砖雕拼接而成。砖雕画面主板内容为三国故事，有三组，从左至右，左边一组为长坂坡大战和赵子龙单枪救阿斗，中间为刘备招亲，右边为借东风。画面雕刻有楼台、亭阁、屋宇、人物，构图巧妙，层次分明，人物神态栩栩如生。主板四周有数块雕刻的花卉、蝙蝠、寿字纹围绕着，下面左右边角刻着一对狮子，大狮子拱躯、翘尾，虎视眈眈，肥壮有力，富有勇猛的性格，小狮雕刻得活泼可爱。这幅砖雕为浮雕，人物、建筑、狮子富有立体感，雕刻的线条流畅活泼，雕工精细。雕刻技法娴熟，代表了匠师们在砖雕艺术方面的卓越才能。

歙县博物馆藏有一块灶神庙砖雕，见方仅尺的砖面上，雕刻着头戴金盔、身披甲胄、手握钢锏的圆雕菩萨。据考证，这块精巧绝伦的砖雕花费了1200个匠工的心血，堪称徽州砖雕艺术的经典作品。

徽州砖雕是徽州文化的一部分，体现了古徽州人民的勤劳智慧和艺术才华，是研究徽州文化、经济、建筑史的珍贵资料，是古徽州地域文化的一朵奇葩，也是中华民族宝贵的文化遗产。

临夏砖雕

临夏，古时又被称为河州，因此临夏砖雕又称河州砖雕。它以浓郁的民族特色，古朴典雅的艺术魅力，出神入化的表现手法享誉世界。

临夏回族自治州临夏县位于甘肃省中部及西南部，是自古以来从中原通往青海、西藏、四川的必经之路，属于丝绸之路很重要的一部分。这里聚居着汉族、维吾尔族、藏族、东乡族、撒拉族、保安族、土族等多个民族，从而形成了风格独特而又多姿多彩的民俗文化。

临夏砖雕，是甘肃临夏的传统民间艺术，在北宋时开始起源，在明清之际趋于成熟。一般用来装饰建筑物的券门、照壁、影壁、山墙、圆旋门、五宫墙、捶头、基座、花脊、兽头、墀头等，其表现的题材丰富，既有诗意又深具生活气息。临夏砖雕吸收了木雕、石雕、玉雕等雕刻艺术的手法，同时注意将传统国画、书法、印章、诗文的艺术表现形式与砖雕手法融会贯通起来，既保留了特有材料所呈现的质朴和简约，又表现出多样化的艺术特征。

临夏砖雕所使用的砖料材质取自临夏北塬乡专门用土窑烧制的一种质地细腻的青砖，这种砖又被称为"绵砖"。制作这种砖要精选泥土，水洗淘去杂质和沙砾，调制成泥巴，然后用规格大小不等的木制模具打坯成型，晒干后入窑焙烧。采用这样的泥土，制成的砖密度高，硬度适中，在上面雕刻图纹装饰十分方便。

临夏砖雕是临夏县一种传统的建筑装饰雕刻。甘肃临夏境内出土的金代王吉砖雕墓中的砖雕饰物，是以土窑青砖为材料的，由此可以看出临夏砖雕实源于秦汉，是当时民间木雕技艺的延伸。

河州砖雕

据大量考古发现，在宋代，临夏砖雕艺术已经十分娴熟，到元明时代，各种建筑之中已经经常采用精美的砖雕。明、清两代是临夏砖雕的兴盛时期，建于明末清初的八坊清真北寺门前的"龙凤呈祥"影壁，是河州现有砖雕的精品。影壁两边为"凤凰来仪"，中为"墨龙三显"，观此影壁，浅浮雕墨龙，忽隐忽现，阴云漠漠之中，吞云吐雾，夹带雷声，让人感觉有大雨骤至之感。

民国年间，临夏砖雕艺人辈出，在众多的艺人之中，以回族老艺人绽成元、周声普最为有名。被视为甘肃"砖雕集锦"的临夏东公馆中的砖雕作品均出于绽成元刀下。绽成元为临夏祁家庄人，自幼喜爱丹青，后被著名砖雕艺人马优努斯收为徒，学习砖雕技艺，在名师的指导下，很快就声名卓著，被誉为"马门神匠"。他携弟子为马步青的这座官邸刻制各类砖雕，使其成为一座砖雕艺术殿堂。绽成元除了对砖雕比较擅长，对建筑设计也十分精通。他晚年又创造出水泥雕，为利用现代建筑材料发挥砖雕技艺开辟了广阔的前景。另一位著名回族砖雕艺人周声普是大拱北著名砖雕《荷花图》和《松月图》的作者。周声普为临夏大西关人，出身于砖雕世家，20多岁即技艺超群，名扬乡里。周声普早期作品多被毁，解放后为大拱北和红园雕刻砖雕，他巧妙地将书法、绘画和雕刻交融在一起，开创性地雕刻出许多艺术佳作，形成独具风格的砖雕流派"周派"。其代表作品主要有《山水图》、《牡丹图》、《翠竹图》、《荷花图》、《松月图》等。

临夏砖雕从制作工艺上讲，有捏活和刻活之分。捏活，就是把精心调和、配制而成的黏土泥巴，用手和模具捏成各具特色的形状，而后入窑焙烧而成。这种作品大多独立成形，如龙、凤、麒麟等，多用于屋脊之上，俗称"脊兽"。刻活，是指在精选烧好的青砖上用刻刀刻制成各种图案，其工艺要更为繁复，一个图案往往由十几块甚至几十块青砖拼接在一起，刻雕在土窑绵砖上用刀雕刻，建筑物中的墙饰、台阶等多用此法。刻雕的工艺包括打磨、构图、雕刻、细磨、过水、编号、拼接安装、修饰八道程序，制作工具有折尺、锯子、刨子、铲、錾、刻刀等，其中铲、錾和刻刀又随工艺要求分轻重、大小、长短、刃口宽窄薄厚数种。

临夏砖雕在技法上常常采用雕刻和镂空相结合的手法，或圆雕或半圆雕，使其跃出画面，具有极强的立体感。而次要部位和衬景，往往采用浮雕方式处理。在构思上，以现实主义与浪漫主义相结合的创作手法，寄情于景，情景交融。其雕刻技法主要有阴线刻、凹面线刻、凸面线刻、浅浮雕、高浮雕、镂空式透雕等种类，是临夏砖雕艺术的精华之所在。一幅砖雕往往由三四层图案构成，重重叠叠，里呼外应，浑然一体，有极强的立体感。临夏砖雕主要以梅兰菊竹、福禄寿禧、八宝博古、翎毛花卉、名胜古迹、神话传说和历史典故为创作题材。既有成百上千平方米的大型浮雕，也有透雕小品。以其栩栩如生，雅俗共赏，备受大众喜爱。2006年5月20日，临夏砖雕经我国国务院批准列入第一批中国国家级非物质文化遗产名录。

苏州砖雕

苏州位于大运河西来南下的转折处，为连通四方的交通枢纽。明清时期，苏州成为中国东南地区的商业大都会，苏州地区的全晋、徽州、潮州等会馆，至今仍保存着不同风格的砖雕，由此我们可以了解苏州砖雕呈现多元文化性的原因。

苏州很好地保留了宋、明、清、民国各时期的砖雕特色，呈现出系统连续的发展过程。苏州砖雕在清朝特别是康熙、乾隆以后取得了很大的进步，并逐渐形成了自己清秀典雅的风格，被誉为"南方之秀"。苏州砖雕不仅在纵深和横连方面有着难以代替的典范性，还有长期积淀而成的典雅气质。苏州砖雕不求彰显于外，而求自适于内，有着秀丽雅致的特色。

尤其值得一提的是苏州的砖雕门楼字碑大都是名人题字，精美的书法和典雅的砖雕往往相辅相成，使苏州砖雕更添了几分书卷气。苏州曾经拥有200余处明清时代的砖雕门楼，遗憾的是大部分都湮灭。随着现代人们的审美情趣对古老艺术的回归，门楼砖雕重又为人们所钟爱，许多现代建筑和民居也喜欢饰以嵌有砖雕的门楼。

砖雕是构建苏州古典园林不可缺少的建筑材料，与苏州园林建设一脉相承。与此同时，砖雕也成为中国传统建筑的主要装饰构件，常用在门楼、门罩、檐、花窗、影壁、柱础等装饰上，题材有花卉清供、神兽人物、文字书法、吉祥纹饰等，并形成了徽州、苏州、北京、广东等各具特色的地域风格。

苏州砖雕

因为砖雕置于露天，因此它必须用耐得住风雨侵袭的砖建造，这其中以苏州的陆墓镇明御窑砖影响最为深远，陆墓镇御窑村早在宋代就为皇宫烧制金砖。

苏州因其独特的历史文化、地理环境，历史上砖雕名家难以计数，留下的砖雕门楼多达上百余座，散布于古城小巷深宅之中。只要略具规模的住宅，大多会在门框上用水磨青砖砌成单独的门楼，门楼上精美的书法和典雅的砖雕相互结合、相互映衬，使苏州砖雕的书卷气息更为浓郁，在呈现吴门书派秀润流丽书法的同时，也极大地丰富了苏州砖雕艺术的文化内涵和审美价值。

始建于唐代宝历年间的苏州七里山塘街古迹众多，被誉为"姑苏第一名街"，而北京颐和园内的著名的苏州街，就是完全模仿苏州山塘街的形状与风貌而筑成的。七里山塘上有诸多的古寺、古祠、古牌坊、古会馆……这些古建筑，精雕细刻，古色古香，一派岁月沧桑感，还有人们耳熟能详的陈圆圆、董小宛等传说，装点了山塘的婉约一面。在这些地方的深宅大院高高的门楼和照壁上，常可见到精美的砖雕，"二十四孝"、《论语》等典故早就屡见不鲜，而小户人家则倾向于三国、水浒、隋唐演义之类的故事。

苏州北郊陆墓镇以西，明代设有御窑，烧造方砖。清代称"金砖"，因砖料质坚而重，所以又叫"坚砖"。苏州砖雕在明清时期，尤其在康熙以后，生产较多，雕厂较粗糙。到乾、嘉时期，砖雕技术有进一步发展，不仅数量多、规模大，而且雕技日趋复杂。到嘉庆后期逐渐衰落。苏州砖雕，主要用来装饰建筑物的外观或内部。厅堂前的门楼、照壁，以及墙的墀头与裙肩等部位，均可饰以砖雕。苏州砖雕内容多取材于戏曲故事、花鸟走兽、吉祥图案和书法等，应用技法有透雕、浮雕和线刻等，作风秀丽清新，细致生动。

巨型砖雕壁照《锦绣苏州》又称《新姑苏繁华图》，采用中国画的散点透视手法，将具象和抽象相融，结合砖雕的艺术语言，注入平面化、符号化的现代装饰风格，在55平方米的巨幅画面上，把东起金鸡湖、西至太湖的现代苏州风貌一揽于画中，太湖古村落、上方山石湖风景、古城区、虎丘塔、苏州高新区、工业园区的繁华景况跃然画中。此幅砖雕由刘一鸣率领九龙砖雕艺术研究所20多名砖雕技工经过三个月的连续奋战才得以完成，总耗用金砖291块。

由于砖雕对整座建筑起着"点题"的作用，可同时凸显户主的身份和意趣爱好，苏州民间甚至有"无雕不成屋，有刻斯为贵"的说法。尤其是集大成的太湖东山雕花大楼，早就以其精美的砖雕艺术享誉海内外。雅俗共赏是苏州砖雕的一大特色，散落古城的遗珠则以山塘街、梵门桥弄、太湖东山等地较常见。

如今在苏州古城西北角的茅山塘地段辟出了约2万平方米的地块，建造了砖雕园，是展现该地文化的又一精彩篇章。

砖雕园中的主景，是8幅每幅面积达10平方米、厚度为10厘米、40多名工匠精心雕制了5个多月才完成的砖雕。砖雕内容是苏州家喻户晓的历史故事和历史人物，分别为：博学鸿儒顾炎武；两朝帝师翁同龢；兵圣孙武；昆曲鼻祖魏良辅；"三元及第"的场景，包括寒窗苦读、考试、高中后衣锦还乡的场景；"文人才子"展现了唐伯虎、祝枝山、文征明、仇英等名人风采；"巧夺天工"表现的是苏绣仿真绣的创始人沈寿；"吴中医学"则以叶天士等为代表人物。

雕制中，采用了传统的夸张手法与现代的写实手法相结合的方法。大尺寸的人物是这组砖雕的主要特色，最高的顾炎武人像有1.5米，而传统砖雕门楼、照壁中出现的人物不过十多厘米高，因而此8幅砖雕的雕刻难度较大，人物的表情、神态、动作、服饰等都不能简单地以写意手法带过，而要雕刻得相当细致逼真。同时，画面中植物的皮、枝、叶，建筑的室内雕梁画栋、室外景观等也都要雕刻得更为精细。为与古城风貌相协调，刻好之后的这8幅砖雕还进行了做旧处理。

知识链接

古代房顶使用的防水材料

中国古建通常用瓦来防水。瓦是用泥土做坯子然后焙烧，烧成之后变为灰颜色。瓦是从西周开端的，到现在已有近3000年的历史，在中国陕西周原地区出土的瓦有筒瓦，有板瓦，瓦上还带有瓦钉，是拴绳用的，以固

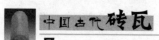
定瓦。从那时就撒播下来各种款式的瓦。瓦在开端的时分形状比较大，到后来瓦块逐步减少，也就是由大块变为小块。到后期，瓦中又发现筒瓦、长筒瓦、小瓦，一直到明清年代的小青瓦，即青灰色小青瓦，也就是老乡住的房子上用的。小青瓦长20厘米，宽15厘米，厚度有1厘米，从南边到北方所用的瓦都是这样。南边用小青瓦时，屋顶用扁的木条做椽子，将瓦搭在椽条空当处，然后再用小青瓦一仰一合，不必灰泥。

北方瓦屋面是将小青瓦铺在泥的背上，也用一仰一合的做法。合瓦，在北方独自烧制圆筒形，直径较短，将它扣在仰瓦的接缝处以防雨水，再用灰泥涂缝隙，非常紧固。到东北地区由于冬日雪大不能用筒瓦，易于冻冰，灰泥易于酥化，对修建影响极大，所以当地都用小青瓦面，悉数用仰瓦的方法，这样，在屋顶瓦面上不会呈现冻冰表象，使房子坚持年限长远。这也是瓦面做法与当地气候的联系。在皇宫、古刹、释教寺院、地主大庄园的房子多选用琉璃瓦，颜色丰厚，琉璃瓦有明媚的光泽与颜色。

广东砖雕

　　广东砖雕工艺有着十分悠久的历史、雕刻细致入微，选用建筑用的上等青砖，根据图案所需逐块雕琢，然后按部位拼接，镶嵌于墙上而成。经常用于装饰门楣、探头和据墙等。在广东珠江流域的民居上，砖雕作品几乎随处可见，在山墙上壁、大门两侧壁面、门楼、门檐等处，或独立存在，或与彩绘、灰塑、陶塑等起共同装饰的作用，相互争辉。手法有高低浮雕、透雕和线刻等，风格华美，秀丽生动，是一种色彩朴实而又高雅的墙体装饰艺术。

　　我国的砖雕艺术伴随着建筑工艺的发展而产生，早在砖瓦被应用于房屋建造之初便已出现了简单的砖雕艺术。在秦汉时期，砖雕艺术被广泛应用于宫殿、官邸、民居、寺庙、墓葬等建筑之中。而岭南砖雕作为我国砖雕艺术的一个重要流派和组成部分，产生的年代也甚为久远。广州市中山四路发现的古南越王宫署遗址便出土了部分刻有花纹的汉砖，特别是具有代表性的熊纹空心砖，更是将广州砖雕的历史追溯到了汉代。

广东砖雕

清宣统三年（1911 年）修铁路时，在广州石牌挖出隋大业三年（607 年）的《太原王夫人墓志铭》，可以视为砖雕的滥觞。海康元墓出土线刻砖，有神祇、动物，已属艺术创作，但人物形象较为呆板，这大概与刻画的对象有关。而有深浅层次的砖雕相传始于宋代，这一时期中原砖雕已达到相当高的水平。

明代，广州砖雕已在各地盛行。清末民初也有大量流散工匠自制各种形状、规格的砖雕去市集上摆卖。砖雕形成了岭南水乡民间建筑的一大特色，影响所及之处，东南亚各地的古建筑中也多有采用广东砖雕艺术品加以装饰。各地祠堂庙宇的柱头、墙头、马头、照壁、神龛、天井照壁等，也有许多是采用浮雕或圆雕的人物、花卉、走兽以及吉祥图案等为内容的砖雕装饰的。

清代后期，现代建筑大肆兴起，因采用砖雕艺术作为建筑装饰的耗费是极其惊人的，所以砖雕逐渐被现代雕塑工艺装饰所取代。至民国初期，砖雕装饰已经不常见。

清代沙湾砖雕工艺以壁画大师黎文源最为著名，他曾被慈禧太后召入京城，装饰颐和园，并被封为内廷供奉之职，他后来将技艺传给了紫坭的杨瑞石和同村的黎普生兄弟。民国时，古坝村韩作轩的名气颇大。民国以后，沙湾砖雕日渐式微。

广州砖雕的用料是上等青砖，青砖具有质坚细密，宜于雕刻，不易开裂，而且色彩青绿沉着等多种优点。雕刻前先由艺人逐块挑选，然后依据整幅图层次的多少，将青砖按层排列，依次分出所属部分的纹样，最后逐层逐块嵌砌在墙上，从而形成多层次的画面。较之北方砖雕的粗犷浑厚，广东砖雕有着纤巧、玲珑的特点，往往雕镂得精细如丝，因此又被称之为"挂线砖雕"。广东砖雕按技法分浅浮雕、高浮雕和透雕，按规模分组合砖雕（先单个注模，然后组合成一个完整的图案）和单块砖雕。广东砖雕不仅仅是建筑的一部分，而且还是室内外很好的装饰品。

组合砖雕是广州砖雕艺术中一种十分常见的表现形式，一般用于墙头、柱头、照壁等较大幅面的装饰，尤其是墙头装饰。有些较大的祠堂庙宇，一幅砖雕纵横数尺，需数十块甚至数百块砖雕刻以各种人物、动物、花卉等组合镶嵌而成，陈氏书院大门两头墙头的巨幅砖雕就是一例。至于单件砖雕，常镶嵌于神龛边框或楣饰、座饰等处，这些砖雕多为花卉、鸟兽之类的图案，动物多用蝠鼠之属。

作为建筑装饰艺术的砖雕，取材十分丰富，有人物、花鸟、虫鱼、猛兽、山水楼台、几架炉瓶、书法、图案等。而花鸟、炉瓶的题材多寓如意吉祥、兴旺发达之意，人物则多取材于传统小说或民间故事、流行戏曲、木鱼书的精彩片段等。

与其他地方的砖雕不同，在选料方面，广州砖雕以建筑用砖作为原材料，充分体现了砖雕艺术为建筑服务的实用性特征。在技法方面，广州砖雕手法形象生动，刀法简洁明快，秉承了岭南雕刻艺术以细腻为主的艺术特征，讲究刀工，注重精雕细琢、线条分明。除此之外，广州砖雕讲究造型和层次，立体感强，形成了以挂线雕为代表的雕刻技法。

目前，由于砖雕工艺复杂、成本高，而且经济效益低，加上少有建筑使用砖雕，使深谙这门工艺的艺人越来越少，乏善可陈。这项民间工艺正濒临失传，现状堪忧。

宁夏西吉民间砖雕

西吉县砖雕不仅继承了我国雕刻艺术的传统，而且还在发展过程中吸收了伊斯兰艺术的特色，形成了自己独特的艺术风格。进入民国以来，西吉县砖雕普遍见于伊斯兰教的拱北和清真寺，以及某些官宦宅邸之中。西吉民间砖雕一般取材于山川草木、飞云流水、花卉禽鸟、博古珍玩等，同时以云纹、字环等传统装饰图案相配运用，创造出清净无欲的意境，很少有追寻福寿钱财的意味，表现了"人生有命定，福贵随天命"的伊斯兰文化特色。

西吉县回族民间砖雕艺术在创作手法上分"捏活"和"刻活"两种。所谓"捏活"，就是先用加工配制的泥巴，用手和模具制成龙、凤、狮及各种鸟兽、花卉图案，然后入窑焙烧成成品。所谓"刻活"，就是在已烧成的青砖上，用刀凿等工具钻打出各种单幅图案以拼凑成各种画幅。回族砖雕工匠使用的工具主要有锛（即凿）、平刀、斜刀。砖雕所需材料即黏土砖（俗称青砖），一般经过选土、过筛、和泥、制坯、烧制等工序，以保证其质地细腻，便于雕刻。砖雕工艺过程，也要经过烧制、打磨、格方、落样、雕刻、安装等程序。

砖雕艺术作品，大多作为建筑物上某一部分的装饰品，镶嵌在砖木结构房屋的厅堂，正房外的正墙、侧墙以及庭院的影壁、障壁、门楼和卷门之上。西吉县回族民间砖雕艺术，由于表现对象即内容的要求，在技法上以精巧细腻见长，以圆雕、半圆雕突出主题，以浮雕相衬，运用各种刀法，并吸收了

西吉县回族民间砖雕

中国画的皴法技巧,以现实主义与浪漫主义相结合的创作手法,寄情于景,情景交融,充分表达了回族劳动人民热爱祖国壮丽山河的思想感情和对美好理想、幸福生活的向往和追求,显示了回族人民高超的创作智慧和精湛的艺术技巧。同时我们还可以发现,回族砖雕艺人别具一格的审美心理和艺术情趣是相当明显的,砖雕画面多取材于松柏、荷花、牡丹等草木花卉,以及仙鹤、梅鹿(在宅院、宗教建筑中很少见到)、几何纹样等。这种审美心理和艺术情趣的形成并非偶然,它深深地植根于回族人民社会生活的沃壤,并有着深沉的历史文化背景。西吉县境内河流纵横,气候温和,风景优美,当地人们酷爱花木,家家户户皆有种植花草树木的情趣与传统,牡丹、菊花、石榴等满目皆是,尤其是牡丹,深得人们的喜爱,成为当地人民精神生活中的美好象征。西吉县回族砖雕艺人就是在这样的生活土壤中培养出自己的审美心理与艺术情趣的。在阿拉伯式建筑中,通常穆斯林艺术家皆以草木花卉、几何纹样和阿拉伯字母组成图案,形成独特的伊斯兰建筑装饰风格。西吉县回族砖雕艺人在这种历史文化背景下进行艺术创作,既受到伊斯兰艺术风格的深刻影响,又受到汉族和其他少数民族传统建筑装饰艺术的熏陶,融会贯通,形成了别具特色的回族砖雕艺术风格。

浙江东阳砖雕

东阳素有"建筑之乡"、"白玉之乡"的美誉。作为传统建筑的重要雕饰之一,砖雕与木雕、石雕一起被誉为"江南三雕"。

东阳砖雕起于何时,由于文献记载缺少,难以精确考证。但从东阳的考古发掘证明,最迟在宋代早期,东阳砖雕已经在建筑中得以广泛使用,到了明清时期,更是盛极一时。

据史料记载,明清时期,东阳官邸纵横、庭院林立,建筑业空前繁盛。再加上明清两代东阳商贾遍布全国,他们在外面积累资本之后,都要回乡办教育、大兴建筑。如此一来,东阳多山多水,鲜亮多彩的建筑琉璃使人眼花缭乱,反倒不如青瓦白墙更醒目,于是建筑用砖雕、石雕和木雕很快便风行起来,号称"北有故宫,南有卢宅"的明清古建筑群卢宅的主体部分肃雍堂的砖雕就是这一时期的典型代表。

明末清初,由于富商们对豪华生活的追求,因此清代砖雕的风格渐趋细腻繁复，注重情节和构图，透雕层次加深。相对于徽州砖雕的平面装饰性来说，东阳砖雕以立体雕塑为主，结合平面纹样装饰，内容以花草瑞兽、人物故事、山水风景为主，雕刻精细，造型生动，具有浓郁的地方民间美术特征。肃雍堂的砖雕受东阳木雕的影响，有着东阳木雕特有的端庄秀丽的风格。在东阳保留至今的祠堂、厅堂等古建筑有近千座，

东阳砖雕

其中随处可见砖雕的运用，如李宅的古建筑李氏宗祠、虎鹿镇蔡宅村修建于清朝中期的古建筑润德堂、湖溪镇郭宅村的七台厅等。

东阳砖雕有三种做法：第一种为雕砖，就是在烧制好的青砖上雕刻，此类砖雕整体装饰感强，线条流畅，棱角分明；第二种为雕泥，是在泥坯脱水干燥到一定程度时进行雕刻，然后将雕好的成品放入窑内烧结，此类砖雕造型丰富细腻，形象生动；第三种是翻模成型，使用泥坯压模而成，适合成批生产，常见的有勾头滴水等构件。

在现存数以千计的东阳古建筑群的雕饰形式中，砖雕以其独特的艺术魅力吸引着人们的视线。在以卢宅肃雍堂为代表的古建筑中随处可见砖雕的运用。东阳的古建筑砖雕主要的装饰部位有墙头、墀头、照壁、檐下、门楣、窗额等处，另外在建筑的显要位置也经常用砖雕进行美化装饰。

东阳砖雕具有造型丰满、形象生动、风格秀丽的特征，具有浓郁的地方特色。东阳砖雕至今仍传承了传统的制作方法，呈现出古朴的艺术特色。

在东阳境内，目前唯一留存于今的烧制砖雕——湖溪镇古窑，它传承了几百年的历史，其烧制技术精湛细致，极大地渲染了砖雕典雅古朴的青灰色泽，体现了上千年秦砖汉瓦的艺术魅力。在东阳民间，一般的砖雕制作程序比较统一，即有修转、上样、刻样、打坯、出细、磨光等必要程序，像是砖质有砂眼，一定不要忘了用猪血调砖灰修补，最后才形成精品。它的雕刻技艺常常采用多层透雕与雕塑结合的办法，强调砖雕艺术的写实性与表现力。

东阳砖雕艺术，一直以来都是通过民间砖雕艺人口耳相传得来。一些聪明人也能够从古建筑砖雕的实物上得以传承，因而具备重要的工艺价值与文化价值。

北京砖雕

北京砖雕

北京砖雕位列中国砖雕艺术"四大名旦"（京雕、徽雕、苏雕、晋雕）之首，大多作为京城官吏、富豪宅院的厅堂、大门、照壁、祠堂、戏台、山墙和园林等建筑的装饰，形成了一种官式风格特征。由于北京是明清两朝的都城，封建宗法制度控制严格，琉璃彩画之类的装饰只有皇宫、寺庙等大式建筑才可享用，民间小式建筑装饰只好在砖雕方面发展，并在四合院中广为应用。

北京砖雕盛于清代，工艺成熟，技法熔浮雕、透雕、刻线为一炉，题材以花卉为主，风格严谨、端庄、雄厚，主要施用于照壁、门楣、檐下、墀头、廊心墙、槛墙以及透风等处。

因北京砖雕艺术年代久远，以其造型古朴大方，色彩庄重高雅，具有独特的艺术表现魅力、极强的艺术感染力、实用价值和可延续性。北京砖雕艺术又是集哲学、美学、文学、民俗、艺术于一体的文化载体，是独特的民间艺术表现种类，在中国民间砖雕艺术中，占有相当重要的地位。另外，它对北京地区的民俗文化和民间砖雕艺术产生了巨大的影响，具有极高的研究价值和历史文化价值。

由于历史的变革，这一特有京城官式砖雕风格的北京京味砖雕艺术也渐渐地面临失传。好在北京砖雕一直有张氏家族在进行传承：经历张尚祖、张靖堂、张廷相和张廷武、张世全、张彦等一代又一代手工艺人的默默传承，这项手工艺一直保存到现在并不断发展。北京市政府认定张彦为北京砖雕项目唯一传承人，并授予誉名"砖雕张"。

为了让家传的北京砖雕手艺能够适应时代的需要，第六代传承人张彦在保留传统技法的基础上大胆创新，雕制出了他的代表性作品——中国微型古建筑砖雕，其作品以老北京四合院建筑上的砖雕装饰构件为蓝本，选用上等澄浆泥青砖，纯手工精雕而成，原汁原味地保留了老北京砖雕的古韵味，填补了一项中国古建雕刻研究的空白。

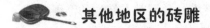

其他地区的砖雕

浙江地区的砖雕，集中使用于古建筑的牌坊式门楼上及诸如门罩、窗罩、八字墙、影壁等处。内容往往体现出人们"讨彩"和"辟邪"的心理。温州屋脊具有鲜明的特色，门楼两侧的八字墙上的砖雕及花墙比比皆是。大多数正脊简洁庄重，两脊端做有与屋脊曲线十分和谐的卷草纹，微微翘起，显得朴实有力。也有在脊头上装饰花篮、葵花、鱼、鸡、狗等砖雕。绍兴地区的台门建筑独特，砖雕精美。杭州的胡雪岩故居更是以砖雕典雅精致而闻名。

上海砖雕是清末民初奉贤县萧塘乡人宋亦亭从苏州学得技艺后传入的。宋亦亭原为泥瓦匠，曾在苏州参与陆润庠家翻修状元府，并从此学到砖雕高技，代表作有"竹林七贤"、"三顾茅庐"等。在上海的哈同花园、豫园等处都有他的代表作。

宁夏地区的砖雕，有"捏活"和"刻活"两种。题材有树木、山水、星月、竹石、花鸟鱼虫及当地自然风光和风土人情。砖雕造型生动，构思精巧，立体感强，富于生活气息。再与阿拉伯文的"清真言"、"赞主词"相结合，充分反映了回族群众丰富多彩的精神世界。刻活代表性建筑群有宁夏同心清真寺、纳家户清真大寺和青铜峡市峡口乡鸿乐府道堂等。

陕西砖雕，历史悠久，上承盛唐砖雕的风格，兼受山西、甘肃等地砖雕风格的影响，工艺纯熟精湛，构图饱满奔放，造型古朴大气。题材均为充满祈福意义的动物、花卉及人物造型。多用于照壁、檐下、廊下、门楣、窗框、屋脊等部位，具有浓郁的西北地域特色。且在门楼的装饰上不厌其烦，极力刻画，有"穷房富门楼"之说，特别是韩城一带更为讲究。

山东地区的东明县，民居的主房屋脊正中多装饰小庙式的砖雕，名为"屋楼"，上刻有"太公在此"或"吉星高照"等字样。潍坊的民居，在山尖、博风、窗檐等处无不雕花。菏泽的民居，则注重脊兽的装饰，有狮子、马、牛、羊、鸡、鱼、"大兽"（龙头模样）、"小兽"（龙头模样）共八种。

吉林地区在清末民初时，一般的满族人家，讲究影壁的装饰，题材多是日出云海、龙凤呈祥等传统图案。

湖北地区孝感一带的民居，讲究屋脊装饰，在屋脊上砌出两条相向而行的龙，中间砌一花球，意为"二龙戏珠"。

福建地区的寺庙、民居，多有花草鱼虫及人物造型的砖雕，以泉州的开元寺及杨阿苗民居等最为典型。邵武的石歧灵塔，各层都有精致的浮雕砖刻。

海南汉民族的民居，讲究影壁的建造。其装饰一般刻"福"字，表示接纳福气，并有穷富、官民之分。居官者可使用龙凤雕刻，表示其地位显赫。富家无官衔者，则只许雕刻鱼尾，示意尚未成龙。

台湾地区的砖雕，是在砖坯上雕刻花纹，经过火窑烧制后，砖呈橘红色，花纹凸起，然后将纹饰的凹下之处涂上白色或其他颜色，以衬托橘红花纹。这种砖雕在庙宇、民居的外墙使用较多。

 知识链接

拍印法

在西汉时期，大多数空心画像砖都是使用拍印法成的。其制作工艺大致上有刻模板、脱砖坯、拍印图像、烧成砖以及施彩设色五道工序。第一步是刻模板。因为空心砖体量比较大，砖面上需要画上不同内容的图像，首先在提前准备好的木板上用墨线勾画出所需图像的轮廓线，之后利用雕刀刻成阴线或凹入雕的图像模板。模板选择面积小一些为宜，不过，在西汉晚期也出现了一个砖面印一幅图像的大型模板。第二步是脱砖坯，并将其阴晾到半干。第三步是拍印图像，也就是说要在半干的空心砖坯上进行拍印或按印出图像。同一块砖面上通常采用多种不同规格、不同内容的模板拍印出复杂的图像组合。同一块砖面的周边多用长条形模板印出装饰纹样边框，在边框内再配上不同内容的图像。同一块模板通常在同一砖面上反复使用，以便造成同一图像的多次显现。第四步，等到印好图像的砖坯完全阴干后，入窑烧制成砖。第五步，就是最后一步——给烧制成功的画像砖施彩设色。

第四章

瓦：屋顶上的鬼斧神工

现代的城市建筑都是钢筋水泥结构，在东方建筑中屋顶上出现的鳞鳞层列的瓦片已很罕见。当目光放远至千年，砖瓦在我国建筑史上占据了不可磨灭的重要地位。让我们述说所有有关砖瓦在我国的发展历程，从砖瓦中感受中华文明的厚重沉淀。

第一节
瓦：屋顶上的舞蹈

 从陶器到砖瓦

　　说到砖、瓦，便离不开人们的居所。1976 年，在陕西省岐山县考古发现的周原遗址，东距西安 100 公里，是周人灭商前的国都。周原遗址东西长约 5 公里，南北宽约 3 公里，其内部分布着大量西周建筑、墓葬、制铜、制陶和骨器作坊等遗址。其中凤雏村境内有一组大型的西周宫室建筑遗址。这座大型建筑物坐落在一个夯土台基上，台基南北长 45.2 米，东西宽 32.5 米，面积约 1500 平方米。建筑基址中发现两处排水管道，房屋堆积中还发现少量的瓦片。这是迄今为止全世界发现的最早的瓦。据考证，这里是距今 3100 年左右的"四合院"式建筑。建筑屋顶主要覆以芦苇和草拌泥，屋脊与檐口以及天沟等局部地方已经使用了瓦。在西周宫室建筑和居住建筑遗址中出土有各式瓦，其形式有板瓦、筒瓦，上有瓦钉和瓦环等起固定作用的构件。从这些形态结构我们可以推测，西周时期建筑的用瓦技术已臻成熟。

　　陕西长安县古镐京城发现一座西周宫室遗址。宫室平面呈"工"字形，其主体建筑居中，南北长 59 米，东西宽 23 米，南北两端有附属建筑，左右两翼对称。基址出土数以千计的瓦片，主要有板瓦、筒瓦和槽瓦三种类型，附在瓦上的瓦钉

古代瓦当

则有柱钉、乳钉、菌钉、环钉、榫钉等形式。

而在陕西扶风县的召陈村西周宫室遗址，建于西周中期，废弃于西周晚期。这是一座庑殿顶式（又称四阿顶）建筑，其夯土台基东西长 24 米，南北宽 15 米。这座宫殿顶部已全部用瓦覆盖了。考古工作者在其遗址中发现了迄今为止最早的瓦当。瓦当又称沟头，是筒瓦在屋檐最外一排处的端头部分。瓦当均为半圆形，出土的瓦当分为素面无纹和刻花纹两种。

制瓦技术以及瓦的运用，不是人类一开始便掌握的。它是由制陶工艺结合建筑的需求逐步演化发展而来的。

300 万年前，人类告别自己的祖先古猿，从树上下到地面，为了生存不断寻找、构筑自己的栖身之所。从自然洞穴到半穴式建筑，再到地面建筑，人类不断地改变自己的生存方式。火的使用是人类告别一切原始印迹的开始。有了火，人们开始了陶器的制作。传说黄帝担任部落联盟首领的初期，洪水泛滥，人们被迫上山居住。起先到山下提水，并无合适的盛水用具，十分不便。木制的桶，容易渗漏；泥做的罐，则容易碎裂。当时有一个名叫宁封的人，在一次烧肉进食的过程中，从火烧的灰烬里得到一块硬泥，他从中悟出了可以用火烧的办法使泥土变硬而制成各种器物。于是宁封开始试验用火烧制泥坯的容器。试验中，宁封选用富有黏性的土制成容器的坯，然后建造像窑一样的土包，把土坯放到里面烧。经过多天的连续焙烧后，那个用泥土做成的容器取出时，已经变得十分坚硬……宁封高兴极了，将烧制出来的容器取名为"陶"。陶给人们的生活带来了方便。黄帝知道后，就命宁封为"陶正"的官，令他把制陶的经验传授给千家万户。于是，"陶"就在人们的生活中流传开来。

江西万年县仙人洞出土的一件距今一万年的陶罐，是目前为止中国境内发现年代最早的成型陶器。文物显示当时的制陶技术相当原始，陶器的成型均系用手捏制。到了仰韶、龙山时期，其制作技术已经相当成熟了，成型上也使用了机械转盘（木制的）。

由于有了一系列的经验积累，故而出土于西周的瓦表现出规整的形态。其制作流程大致是先制成圆形瓦头，然后再在其上以泥条盘筑成圆筒体，近似水桶状，成型后再以细绳勒割成两瓣。当面的纹样是全瓦制成后手工刻绘或塑制的。

砖瓦制作中使用的"范"，在商周时期尚不普及。但其在铸造青铜器上已经有了非常精彩的使用。"范"是铸造金属器物的空腔器（浇铸模），陶范是用经过筛选的黏土和沙制成的，高温焙烧后接近陶质。春秋时期已经有了可以重复使用的陶范。

从大量的文物资料和烧制砖瓦的工艺可以看出，砖、瓦的制作均沿革于陶的制作。

古瓦的历史

瓦，一般指黏土瓦，以黏土（包括页岩、煤矸石等粉料）为主要原料，经泥料处理、成型、干燥和焙烧而制成。

中国瓦的生产比砖早。2009 年 9 月 26 日，陕西省宝鸡市文物工作者发现了属于龙山文化时期的陶瓦，将中国用瓦历史提前了 1000 年。

陶瓦是由宝鸡市文物普查队员李伸前等人在桥镇遗址中发现的。普查队员在这里发现并采集到一片泥质红陶篮纹筒瓦残片，残瓦长 26 厘米，直径 12 厘米，壁厚 1.2 厘米。在两处半地穴式的房址中，文物普查队员还发现并采集到其余板瓦、筒瓦、槽形瓦残片。

由于这些陶瓦是与新石器时代龙山文化时期的泥质红陶、夹砂红褐陶篮纹罐等文物一同出土的，文物专家判定，这些瓦片的历史可以追溯到 4000 年以前，是我国迄今发现的最早的建筑陶瓦。

西周初年（公元前 1066 年）陶瓦开始用于屋顶，从岐山遗址可见遗存，判断当时仅用于屋脊部分。到了春秋时期的遗址，较多发现板瓦、筒瓦、瓦当，表面多刻有各种精美的图案，可知屋面也开始覆瓦。

古瓦

春秋早期，屋面覆瓦的建筑还不多，《春秋》隐公八年：宋公、齐侯、卫侯盟于瓦屋。会盟的地点是在周王朝的温，但经中仅记为覆盖有瓦的屋，可见这是在当时人人皆知的伟大建筑。到了战国时代，一般人的房子也能用瓦了。

到了秦汉形成了独立的制陶

业，并在工艺上作了许多改进，如改用瓦榫头使瓦间相接更为吻合，取代瓦钉和瓦鼻。西汉时期工艺上又取得明显的进步，使带有圆形瓦当的筒瓦，由三道工序简化成一道工序，瓦的质量也有较大提高，因称"秦砖汉瓦"。

唐代的瓦有灰瓦、黑瓦和琉璃瓦 3 种。灰瓦质地较为粗松，用于一般建筑。黑瓦质地紧密，经过打磨，多用于宫殿和寺庙。例如唐长安城大明宫含元殿遗址出土的黑色陶瓦，大的直径 23 厘米，大约用于殿顶；小的直径 15 厘米，大约用于廊顶。还有少量的绿琉璃瓦片，大约用于檐脊。瓦当纹饰南北朝以后由于受佛教艺术的影响，多为莲花纹。在唐长安城兴庆宫遗址，发现的莲花纹瓦当种类多达 73 种。

唐代以后，瓦的使用普及全国各地，并出现了各种各样的瓦。

 ## 黏土瓦的类型

黏土瓦的生产工艺与黏土砖相似，但对黏土的质量要求较高，如含杂质少、塑性高、泥料均化程度高等。中国目前生产的黏土瓦有小青瓦、脊瓦和平瓦。

1. 按瓦的铺设部位分类

（1）屋面瓦按形状分主要有：平瓦、三曲瓦、双筒瓦、鱼鳞瓦、牛舌瓦、板瓦、筒瓦、滴水瓦、沟头瓦、J 形瓦、S 形瓦和其他异形瓦。

（2）配件瓦按功能分主要有：檐口瓦和脊瓦两个配瓦系列，其中檐口瓦系列包括：檐口封头、檐口瓦和檐口瓦顶；脊瓦系列包括：脊瓦封头、脊瓦、双向脊顶瓦、三向脊顶瓦和四向脊顶瓦等。此外，不同形状的屋面瓦还有其特有的配件。

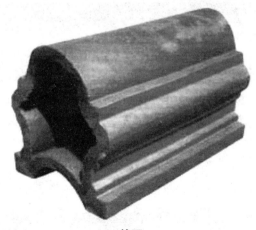

筒瓦

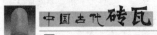
 2. 按表面状态分类

（1）小青瓦：又名蝴蝶瓦、阴阳瓦，是一种弧形瓦。用手工成型，在间歇窑中还原性气氛下烧成，呈青灰色。规格一般为长 200～250 毫米，宽 150～200 毫米，广泛用于农村房屋建筑。

（2）脊瓦：覆盖屋脊的瓦。通常有人字形、马鞍形和圆弧形三种。瓦坯采用压制成型，经干燥烧成，可烧成红、青两色。规格一般长为 300～425 毫米，宽 180～230 毫米，抗折荷载不低于 700N。

（3）平瓦：长方形平面带沟槽的片状瓦，用于覆盖屋面。平瓦的成型有湿压法、半干压法和挤出法三种，以湿压法为最普遍，可烧成红、青两色。按中国标准规定：平瓦的尺寸为 400×240～360×220 毫米，单片抗折荷载不得小于 600 N；覆盖一平方米屋面的瓦，其吸水后的重量不得超过 55 公斤；在 -15℃ 以下经冻融 15 次循环后，应无分层、开裂、脱边、掉角等现象，成品中不允许混有欠火瓦。

黏土瓦只能应用于较大坡度的屋面。由于材质脆、自重大、片小，施工效率低，且需要大量木材等缺点，在现代建筑屋面材料中的比例已逐渐下降。

黏土瓦的烧制与砖大同小异，在此不做过多的介绍了。

 知识链接

皇家专用琉璃瓦

瓦的本来色泽应是灰黑无光的，可是，紫禁城的琉璃瓦却是个例外，只见它的表面光润像镜子一般，这种瓦称为琉璃瓦，中国帝王之家通常将之作为自己的专属用品对待，同样成为中国建筑的象征。我国最早的琉璃瓦实物出现在唐昭陵。

色泽瑰丽的琉璃瓦，必须通过两座窑炉的煅烧才能够制成。琉璃的制作工艺是用两次烧制而成的办法，首次是把制好的黑色瓦坯煅烧成洁白的素坯，最后才是为素坯施釉后烧成色彩缤纷的琉璃瓦。上釉的素坯放在窑火内进行高温煅烧，煅烧的温度哪怕有一点不同，出窑的琉璃瓦就显现出不同的色彩，此外，琉璃瓦还具备良好的防水性以及稳定性。

琉璃瓦和建筑之间出于承重与美观的考察分析，存在着严格的比例关系，很多年以来，琉璃匠们把烧制琉璃的方法总结成顺嘴的口诀，吻兽所在的位置在正脊与殿顶两坡的交会处，是屋顶梁柱的最主要支点，想要烧制成功琉璃瓦，首先必须确定吻兽的大小。依照琉璃行内的口诀，吻兽的高度取决于大梁，是梁高的2/5。

琉璃瓦：帝王建筑的专属用品

琉璃瓦是中国传统的建筑物件，通常施以金黄、翠绿、碧蓝等彩色铅釉，因材料坚固、色彩鲜艳、釉色光润，一直是建筑陶瓷材料中流芳百世的骄子。我国早在南北朝时期就在建筑上使用琉璃瓦件作为装饰物，到元代时皇宫建筑大规模使用琉璃瓦，明代十三陵与九龙壁都是琉璃瓦建筑史上的杰作。

琉璃瓦是用优质黏土塑制成型后烧成，表面上釉，釉的颜色有黄、绿、黑、蓝、紫等色，富丽堂皇，经久耐用。琉璃瓦多用于民族色彩的宫殿式大屋顶建筑中。通过造型设计，已制成的有花窗、栏杆等琉璃制品，广泛用于庭院装饰中。

琉璃一词产生于古印度语，随着佛教文化而东传，其原来的代表色实际上指蓝色。中国古代宝石中有一种琉璃属于七宝之一。现在除蓝色外，琉璃也包括红、白、黑、黄、绿、绀蓝等色。施以各种颜色釉并在较高温度下烧成的上釉瓦因此被称为琉璃瓦。

1. 琉璃瓦的种类

（1）琉璃筒瓦：用于宫殿高级亭榭。与瓦的主轴垂直的截面，呈半圆弧形，制造时将瓦坯土包围在筒装木模上制成筒状坯，分切两半，入窑烧制而成。

（2）琉璃檐口筒瓦：用于屋檐口的琉璃筒瓦，一头呈半圆弧形，在靠近半圆弧的一头，有钉孔，供固定檐口琉璃筒瓦之用；另一头则是有花纹装饰的圆形瓦当。

（3）琉璃板瓦：用于中等档次建筑。与主轴垂直的截面呈 1/4（宋式）或 1/6（清式）圆弧形，将筒状坯分切成四片或六片后烧制成。

（4）琉璃檐口板瓦：用于装饰檐口的琉璃板瓦，一头呈 1/4 圆弧形，靠屋檐的一头则有垂尖式或鱼唇式装饰。

（5）琉璃当沟瓦：用于屋顶两坡相交处。

（6）琉璃正吻：用于屋顶正脊与垂脊相交处，多为龙头式样。

（7）琉璃走兽：铺盖在垂脊下端，有龙、凤、狮子、海马、天马、狻猊、斗牛、獬豸等。

琉璃瓦经过历代发展，已形成品种丰富、型制讲究、装配性强的系列产品，常用的普通瓦件有：筒瓦、板瓦、句头瓦、滴水瓦、罗锅瓦、折腰瓦、走兽、挑角、正吻、合角吻、垂兽、钱兽、宝顶等。琉璃瓦中的勾头，滴水瓦件以及走兽、钉帽、花窗和正吻、垂兽等构件采用手工成型或注浆成型。手工成型是将坯泥拍打成泥饼，在石膏模内压印出有花纹的坯体，稍干后起坯贴接，将工作面修整打光。

琉璃瓦是中国传统的建筑物件，通常施以金黄、翠绿、碧蓝等彩色铅釉。我国早在南北朝时期就在建筑上使用琉璃瓦件装饰。琉璃瓦经过历代发展，已形成品种丰富、型制讲究、装配性强的系列产品，常用的普通瓦件有：筒瓦、板瓦、句头瓦、滴水瓦、罗锅瓦、折腰瓦、走兽、挑角、正吻、合角吻、垂兽、钱兽、宝顶等。

琉璃瓦

2. 琉璃瓦规格

按清制琉璃瓦原有十样由一至十，但一样、十样不用，只用二样至九样。

琉璃筒瓦	长度（尺）	直径（寸）	厚度（分）
二样	1.25	6.5	6.5
三样	1.15	6	6
四样	1.1	5.5	5.5
五样	1.05	5	5
六样	9.5	4.5	4.5
七样	0.9	4	4
八样	0.85	4.5	4.5
九样	0.8	3	3

琉璃板瓦	长度（尺）	宽度（寸）	厚度（分）
二样	1.35	1.1	6.5
三样	1.25	10	6
四样	1.2	9.5	5.5
五样	1.15	8.5	5
六样	1.05	7.5	4.5
七样	1	7	4
八样	0.95	6.5	3.5
九样	0.9	6	3

 3. 琉璃瓦颜色

琉璃瓦一般以黄绿蓝三色使用较多，并以黄色为最高贵，只用在皇宫、社稷、坛庙等主要建筑上。就是在皇宫中，也不是全部建筑都用黄色琉璃瓦，次要的建筑用绿色和绿色"剪边"（镶边）。

在王府和寺观，一般是不能使用全黄琉璃瓦顶的。国子监是元、明、清三代的最高学府，也是当时朝廷掌管国学政令的最高官署。国子监以"辟雍"为中心，三进院落，中轴两侧的建筑对称整齐，是清代皇帝的讲学之处。明代为青琉璃瓦顶，清代乾隆年间改为黄色琉璃瓦。清朝雍正时，皇帝特准孔庙可以使用全部黄琉璃瓦，以表示对儒学的独尊。

那为什么黄色最为尊贵呢？

中国土壤的颜色南红北黑中间黄，黄土地又是中华民族文化的发源地，所以五行学说认为黄色代表中央方位，历来被认定为尊贵之色。在唐代，黄色就被视为代表皇家的专用色彩了。到了宋代，封建帝王的皇宫开始采用黄色琉璃瓦顶。至明清两代，更有明确规定：只有皇帝的宫殿、园林、陵墓建筑及奉旨兴建的坛庙和皇帝敕封的寺观，才可用黄色琉璃瓦。

绿色是第二等级的颜色，亲王、郡王府邸，皇家园林、陵墓及坛庙的次要建筑乃至重要寺观的主殿均可用绿色琉璃瓦顶。

蓝色是特例，最著名的是天坛，其建筑采用蓝色琉璃瓦顶，用来象征天空。

黑（灰）色最低档、最普遍。贵族府第、寺观祠堂以及平民百姓家的建筑多用黑色瓦顶。但也有例外，如故宫中的文渊阁（藏书楼），按理说该用黄色瓦顶，却采用了黑色瓦顶，这是因为"五行"认为，黑色代表水，藏书楼容易失火，含有"水压火"之意。

琉璃瓦

沈阳故宫由于满族刚刚由草原游牧民族走向居统治地位的民族，既要表现高贵，又表示不忘传统，所以用了黄琉璃瓦加上绿色的剪边。而位于沈阳故宫的文朔阁，由于存放了四库全书的典籍，为了防止火灾，改用黑琉璃瓦加绿剪边，这是因为根据《易经》，"北方壬癸水"，颜色属黑。用黑色琉璃瓦，有水从天降之意。

在陵寝建筑中，也是等级森严，皇陵和皇后陵墓用黄色琉璃瓦，妃子则只能用绿色琉璃瓦。有趣的是，当年慈禧为了死后也压慈安太后一头，虽然都是用了黄色琉璃瓦，但慈禧和慈安的陵墓屋顶琉璃瓦黄色还有深浅之分。

4. 琉璃瓦的制作过程

琉璃瓦制作过程如下：

（1）选料。

①瓦坯的原料：灰白色的无沙细胶土，和泥造土坯。

②釉料的原料：黄丹、洛河石和铜末。

黄丹必须先经过炒炼，将黄丹加入黑锡、盆硝入镬炒炼一日，待冷却后捣成细末，用筛子筛出，再炒炼两日而成。将烧炼过的黄丹末和洛河石末、铜末加水调匀成为釉料。

（2）烧制。

土坯经手工或机械成型。将土坯入窑，温度在 1100℃ ~1200℃ 之间，烧七日，冷透之后涂上釉料，第二次入窑，温度保持在 800℃ ~900℃，烧炼三日出窑。二次烧炼制成的琉璃瓦，色彩鲜艳，光泽好，缺点是釉层不牢固，容易剥落。现代多采用一次烧炼法，出产的琉璃瓦，釉层牢固，不易剥落，但色泽较差。

琉璃瓦具有采用优质矿石原料，经过筛选粉碎，高压成型，高温烧制。具有强度高、平整度好，吸水率低、抗折、抗冻、耐酸、耐碱、永不褪色、永不风化等显著优点。

知识链接

模印法

在东汉以后，画像砖最流行的制作方法是模印法。其制作工艺有作图像坯模、脱画像砖坯、烧成砖以及施彩设色四道工序。制作坯模时，首先在一块和砖大小一样的方形或长方形木板上仔细描绘出墨线画稿，利用雕刀刻成模板，之后在周围加上木质边框，就做成了坯模。制作图像坯模像脱普通砖一样的制作工序，就可制成有图像的画像砖坯了。等到砖坯阴干后，经过入窑烧与施彩设色，就制成了精美的画像砖。和拍印法相比较，模印法不需要拍印图像这道工序，并且画面内容简单而突出，自然成为画像砖作工艺上的一大进步。

模印法的普遍盛行，拍印法并没有从此隐没，在南朝时期，拍印法更是被发展到了最高的程度，成为了由大量画像砖拼镶组合而成的、面幅宏大的墓室砖画像的不二之选。当然，这种画像砖的制作，需要非常复杂的工艺，由于图像并不是印在砖的正面，而是印在砖的侧面以及端面，这就给画像砖的制作增加了一定的难度。所以，制作之前一定要经过精心的设计与计算。制作模板是极其复杂精细的一道工序。首先需要准备好一块与画幅面积大小相同的木板，由纯熟画工在上面勾勒出图像的墨线稿，再由雕刻木工雕刻成巨幅模板，之后将模板分割成和墓砖侧面与端面大小一样的小模板，最后依次运用小模板在半干的砖坯侧面、端面细致地按印出图像。这样，整幅图像就可以被分配到巨量的砖坯上。想要将烧制而成的图像墓砖拼合成完整画像，在砌筑墓室时必须有设计人员的监督，严格依照设计图纸与墓砖编号精心施工。当然，制作这种拼镶式墓室画像砖，一定要有一个组织严密，最好是由具有高超技术水平的画工与雕刻木工以及砖瓦工组成的专业工匠集团。这种集团，很可能是专属于皇家或朝廷的。

天然石板瓦

天然石板瓦也称页岩瓦、青石板瓦，是对天然板石做屋顶盖瓦的通俗称法，规范术语为瓦板。据考证，在中国的"瓦板岩之乡"陕西紫阳县，自先秦时期就开始用板石挡风盖屋顶，至今还完好地保存着很多古朴美观的板石民居。由于加工业的落后，数百年来，欧美国家对板石进行深加工后广泛应

古代瓦当造型图案

用于建筑屋面，从博物馆、教堂到市政厅、城堡等高档建筑，黑色石板瓦屋面已经成为欧洲建筑的标志之一。

石板瓦的材质不是石板而是天然板石（也称为板岩）。板石和大理石、花岗岩、砂岩等一样是天然石材的一种，其最大特点是具有天然的劈理，可以用手工或机械的方式将其劈分开，所以建筑板石产品的表面都未经机械打磨，具有古朴自然的表面特点。由于材质特性和变质作用的不同，板石中一部分优质材料可以被加工成屋面盖瓦，这些板石也往往被称为瓦板岩，不能做瓦的板石被加工成饰面板，用作墙面、地面的装饰。同样是建筑板石类，瓦板岩可以做饰面板岩，而饰面板岩不能做瓦板岩，这是什么原因呢？首先要知道优质的板石必须具备的特点：劈分性能好、平整度好、色差小、黑度高（其他颜色同理）、弯曲强度高、含钙铁硫量低、烧失量低、耐酸碱性能好、吸水率低、耐候性好。不具备良好的劈分性能，根本没有办法把石板瓦劈分到 5~7mm 的标准厚度；没有良好的弯曲强度，在这一厚度下就无法达到盖瓦的使用要求；平整度差，根本不能满足整齐妥帖的挂瓦施工要求；没有良好的材质特性，就不可能经久不褪色、不风化、不生锈而保持 100 年以上的使用寿命。这就是饰面板岩不能做瓦板岩的原因，同理，瓦板岩可以作饰面板岩的原因就很容易理解了，只要把瓦板岩劈分的厚一点就可以满足饰面板岩的所有要求了。

第二节
瓦当：屋檐上的精灵

瓦当，指悬挂于屋檐最前端的瓦片，用于中国古代建筑的屋面，主要功能作用是防水、排水，保护木构的屋架部分。瓦当表面多饰有图案、文字等，是实用与艺术的结合，其制作中包含了绘画、书法、雕刻等技艺，是中国古代艺术品中的瑰宝，具有研究和收藏价值。

瓦当概述

瓦当，又称"瓦挡"或"瓦头"。在瓦当铭纹中，有自称"瓦"的，如"都司空瓦"；也有自称为"当"的，如"兰池宫当"。

瓦当是古代建筑用瓦的重要构件，指的是陶制筒瓦顶端下垂的特定部分。瓦，即具有圆弧的陶片，用于覆盖屋顶；所谓"当"，据解释："当，底也，瓦覆檐际者，正当众瓦之底，又节比于檐端，瓦瓦相盾，故有当名。"

瓦当是瓦的头端，用来蔽护檐头，

文字瓦当

挡住上瓦不下滑，并遮盖住两行间的缝隙，其样式主要有圆形和半圆形两种。在实用上，既便于屋顶漏水，起着保护檐头的作用，也增加了建筑的美观。

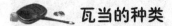 **瓦当的种类**

 1. 按质料分类

（1）灰陶瓦当

最古老，也最普通，从西周到明清始终是瓦当中最主要的品种。

（2）琉璃瓦当

大约唐代以后出现了琉璃瓦当。琉璃瓦当是在泥质瓦坯上施釉烧制而成的，颜色有青、绿、蓝、黄等多种，都是用于等级较高的建筑物。

（3）金属瓦当

宋元明清时期，个别建筑物上使用了金属瓦当。金属瓦当有铸铁、黄铜和抹金三个品种。

 2. 按形制分类

有半圆形、圆形和大半圆形三种。

西周的瓦当都是半圆形的，春秋战国时期的瓦当以半圆形为主，但已经出现了圆形的。

秦汉时期，圆形瓦当占据主流，半圆形瓦当逐渐被淘汰，到东汉时终于绝迹。

大半圆形的瓦当出现于秦代。秦始皇陵北 2 号建筑基址出土一件直径 61 厘米、高 48 厘米的夔纹大半圆形瓦当。当面图案由两条造型奇异的夔纹组成，两夔左右对称，姿态矫健，气韵生动，具有很高的装饰艺术价值。文物考古界誉之为瓦当王。

龙图瓦当

3. 按纹饰分类

（1）图案纹瓦当

龙纹瓦当。龙在古人的心中至高无上，龙又是神灵和权威的象征，历代的皇帝被称为"真龙天子"等。

虎纹瓦当。雄壮的虎身躯，围绕着中心圆，姿态威武，口张目瞪，利齿露出，首与爪前后对立，虎尾弯曲向上，正巧填补了多余的空间，协调了整个画面，使其构图均衡。

朱雀纹瓦当。朱雀是古人想象中的吉祥物。它是孔雀、锦鸡、绶带鸟等类飞禽的综合体。它带有浓郁的色彩，又由于时代的变动形象也在不断的变化。瓦当中的朱雀口衔宝珠，昂首直立，尾翘卷起，更显得威严凶猛。

玄武瓦当

玄武瓦当。瓦面构图为龟做爬伏状态，为了协调空间，蛇弯曲盘绕着蛇身，使呆笨的龟与灵敏的蛇成为龟蛇合体。这样一来使多余的空间参差错落，

动物纹瓦当

使整个画面紧凑而不呆滞，反而显得活灵活现了。此种瓦当除在建筑物上表示方向外，还当玄武阙所用。

（2）图像纹瓦当

包括各种寓意吉祥的图像，表达了古代人们追求美好生活的愿望。

（3）文字瓦当

两汉时期盛行文字瓦当。东汉以后，文字瓦当日趋衰落；从瓦当实物来看，文字瓦当字数不拘，从一字到十余字均有，纹饰图案各异。文字瓦当充分利用了中国汉字结构的艺术特色。

瓦当字体通常用秦篆和廖篆，也有隶书。字体富于变化，多随意弯曲，挺拔遒劲。

（4）纹饰瓦当

瓦当，开始制作时是素面的，随着古代人们对建筑欣赏艺术水平的提高，瓦当出现了动物、植物等形象的饰样。

秦代的瓦当纹饰多种多样，有动物纹、昆虫纹、飞禽纹、植物纹等。例如：夔纹、鹿纹、四兽纹、豹纹、飞鸿纹、凤纹、蝉纹、云纹、树纹等。

 ## 瓦当的价值

 ### 1. 实用价值

（1）遮挡两行板瓦之间的缝隙，使建筑更加牢固和美观。

（2）保护屋檐椽头免受风雨侵蚀，延长建筑物寿命。

2. 艺术价值

瓦当的造型千姿百态，它不但是绘画、工艺和雕刻相结合的艺术，也是实用性与美学相结合的产物，在古建筑上起着锦上添花的作用。此外，瓦当还是中国书法、篆刻、绘画等方面的宝贵资料，有很高的艺术价值。

 ### 3. 研究价值

瓦当也是考古学年代判断的重要实物资料，对研究中国古代各个时期的政治、经济、文化等具有一定的参考价值。它的图案、文字有助于了解古人的历史渊源、习俗好尚，并对古代历史地理、思想意识的研究有相当的参考价值。

中国对瓦当及其艺术的研究和收藏，早在宋代就已经开始，清代乾嘉学派将瓦当的研究推入高峰。当时，在文人士大夫中间瓦当之收藏与研究甚为流行。研究瓦当上的艺术，对于探索古代中国的美学思想、艺术风格及其表现手法，研究当时的政治、经济、文化都有着重要的价值。

4. 收藏价值

在唐宋文献记载中当时的人有用瓦当作成砚台使用。自清中期以来，古代的瓦当被看成一种古董，为人们竞相收藏。从清末到民国，瓦当逐渐成为受大众喜爱的收藏品。据记载，汉代"长生无极"瓦当在乾隆年间每枚价格达到了 10 两白银，最高的一枚动物纹瓦当当时价值 200 两白银，更可见其收藏价值。

1980 年后，瓦当收藏日益兴盛，市场价格一直看涨。在 1996 年嘉德秋季拍卖会上，陈直的《新出汉瓦拓片》以 1.98 万元的价格成交。在 2001 年中国嘉德拍卖会上，一本王孝玉旧藏的清末汉瓦当八品拓本成交价达 6600 元。2008 年 12 月 2 日的北京保利秋拍中，一本汉瓦当拓本，估价就高达 1.5 万元至 2.4 万元。

瓦当的收藏与鉴别

1. 瓦当的养护

附着于瓦当表面的土锈（包浆）更体现出一种历史的沉积，对其保管应十分当心。要做到轻挪动、不碰撞、少摩挲外，尤其注意不要随便、大量制作拓片。

瓦当为泥质陶器，不比金石玉器质地坚硬细腻不易损，且能拓后清洗。瓦当易吸水，包浆易脱落。再者纸亦易渗漏，多拓会使瓦当呈"包公脸"或"关公脸"，面貌大受其损。

古代瓦当

古瓦当为历史遗存物，大部分为出土所得。出土后，瓦当表面有时存在泥土等附着物，很坚固。有些附着物甚至把整个瓦当包裹住了。在清理这些附着物时，要特别小心，不能损伤瓦面。

在中国南方收藏瓦当，还要注意防潮。如果瓦当受潮，会出现许多霉点，使瓦当表明因腐蚀变色，影响藏品的品相，也使文物受损。

 2. 瓦当赝品的制作

瓦当赝品的制作手法主要有以下四种：

（1）翻制

用上等品相的真瓦翻制出模具，再用它做出泥坯烧制出新瓦，然后进行做旧处理，用石灰水加盐煮数小时，使瓦表面形成一层白色的仿古包浆，再喷上加胶的泥浆，看上去无论从手感、重量、包浆等方面均酷似真瓦。

真瓦的包浆不易除掉，而假瓦则容易除掉包浆。敲一敲声音也不一样，真瓦的声音脆，而假的声音发闷。再有，真瓦的内壁有粗布纹理，假的没有，即使有也是极细的机制布纹。假瓦经过碱水煮，异味极大，真瓦则没有任何怪味。

（2）拼接

用残缺的瓦片来拼接，是造假的新手法。造假者大多采用钢锯把瓦当上

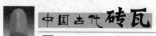

的字面锯下来，用胶或水泥进行粘贴。值得注意的是，这种假瓦大都是用汉代的真瓦来做的，稍不留神就会上当。用这种手法制出的瓦当，一般在市场上能卖到几百元。

（3）改刻

在西安、洛阳、开封等文化古城，找一块汉代的砖是件很容易的事。挖掘一个墓，就能出土几百块汉代的砖，这砖一般也没人要，但制假者却用一些既便宜又有图案的汉砖来刻制瓦当。在市场上，初学收藏的人对这种瓦当鉴别力较差。

3. 瓦当的鉴别方法

有些瓦当，如文字瓦当和四灵瓦当的市场价值高，收藏者多，而普通图案瓦当不受欢迎，所以伪品大多数是文字和动物等图形瓦当。见到这类希奇稀有的瓦当就要特别注意。

假瓦当都是用黄土像烧砖一样做成，再涂上泥土，就像是出土的一样，一般市场上的贩子不会让买者清洗，因为一洗真相毕露。

瓦当只是整个瓦的头部，所以真瓦当背面往往有长短不一的筒瓦残存，假瓦当便多无筒瓦残存。现在也出现有这方面作伪的，大多数十分拙劣，应该注意的有残断痕迹是否自然，筒瓦背印下的布纹等。

也有作伪者用真的图案瓦当，如较廉价的汉代云纹瓦当作伪，这种瓦当三五十元可得，而文字瓦要超过百元。方法是先将真瓦的图案铲去，再用水泥仔细模仿稀少的文字瓦当上的文字，制造完后再涂抹泥浆掩盖作旧。以便使得买家上当。鉴别方法是仔细分辨文字，作伪文字写法多有问题。还有就是洗去瓦当上的泥土，水泥和原汉代瓦当的呈色、质地差别就清楚了。

制假一般都是批量生产的，真与假在图案和规格上相同是有可能的，但如果几个瓦当的断口也是一样的，那就值得怀疑了。

古代瓦当的制作与使用

中国古代瓦当，自西周时由劳动人民发明创造，后又经过广大劳动人民在长期的生产实践中不断积累经验，提高制作技术，到秦汉时，达到鼎盛阶段，因此后人又以"秦砖汉瓦"作为中国古代优秀文化的代名词。正是这古朴的瓦当，凝聚着古代劳动人民的辛勤和智慧，分析认识古代瓦当的制作工艺，有助于了解古代瓦当那幽深的文化内涵。

就目前所发现的瓦当进行观察分析，古代瓦当的制作具体可分为三种办法五个步骤。三种办法是：先造瓦心，续造边轮，再续制筒瓦；边轮与当心一次范成后续制筒瓦；采用第一二种方法制作的瓦当，瓦当破碎时的茬口往往在制作过程的接合处，秦始皇陵就发现有这样的残瓦当。还有一种办法是模制法。用前两种方法制作的瓦当需要切割，就是所谓的"切当"技术。五个步骤是：制作瓦当坯；续制筒瓦；切割；晾干；烧制。

瓦当的制作方法，都是先刻出圆形木模（阳纹），用模可以压制出许多泥范（阴纹），入窑烧造便可获得陶范，这就可以使用了。制作瓦当时，将瓦范仰面放平，固定住，在上面撒些干灰，以防粘连，之后放上适量拌和均匀的软硬合适的陶泥，一加按压，即成一件瓦当坯。如果在刻模时不刻文饰或文字，那么得到的就是素面瓦当坯。到目前为止，陕西的咸阳秦都遗址秦始皇陵遗址以及山东临淄等地均发现制作瓦当用的陶范。瓦当坯制成型后，并不立即取出，而是在其上续制筒瓦。

制作筒瓦早期采用的方法是泥条盘筑法，这种方法流行于战国至西汉初期。泥条盘筑几圈后，便把瓦当和筒瓦的接缝抹平。有的陶工为了使瓦当和筒瓦粘接牢固，还特别在筒瓦内与瓦当的一圈接缝处另外附加适量黏泥，用指压实。

这里还要指出的是，制作瓦当坯时所用的陶泥中夹有一定量的细沙（少数地方加粗沙），这种加沙的做法是对新石器时代先民夹沙陶技术的继承。陶泥中加一定的细沙，可以改良陶土的成型性和在烧造时所需要的耐热急变性能。在战国秦汉时代，这一技术在制陶行业中得到广泛应用。除了在瓦当的断茬上发现有均匀分布的细小沙砾之外，在一些大型的陶质品如秦始皇陵出土的大批兵马俑残片断茬上，都可以清

板瓦

晰地看到细小沙砾的存在。沙砾的掺入,增大了气孔,可以均匀地受热和散热,有效地防止了瓦当在烧造过程中炸裂,提高了瓦当的成品率,生产出更多的瓦当,以满足帝王贵族建筑宫室的需要。

泥条盘筑好,拍打结实后,就可以进行切割了。有的还在陶泥未硬时,打印上戳记。戳记的部位一般在筒瓦上靠近瓦当的一端。戳记的内容有管理制陶业的官署机构名称,制陶工匠的来源地、姓名等。具体切割有两种方法:一是先自上而下纵切,至当背2～4厘米处再横切;二是先横切后纵切。如在洛阳中州路发现的瓦当,早期先横切,后纵切,瓦当背面留有切痕。后期的做法是先纵切后横切,这种切法的瓦当背面不再有切痕及棱角。半瓦当则只要从中央连瓦筒一起切开即可。切割的工具一般用刀、细棒、细绳。纵切一般多用刀和细棒(也有用细绳的),横切一般多用细绳(也有用刀的)。用刀和细棒切割的切口平滑,用细绳则往往留有勒痕。

在对秦始皇陵园进行考查时,在步寿宫遗址附近发现了许多秦代陶片,其中有不少筒瓦、板瓦和瓦当残片,通过观察分析这些采集品,对秦代工匠的制瓦方法有了一定的认识。

这些陶片大部分有陶文戳记,其中一块带陶文的陶片极为特殊,板瓦在制作时的切割处正好位于戳记正中,将戳记一分为二。发现的只是戳记的左半边,为一"状"字,从出土有"漆状"陶文的陶片判断,此戳记完整者应为"漆状"。而且,戳记在板瓦内部戳印时所形成的凹痕被切割时带起的泥掩住右部,有微微隆起之感。由此判断,瓦坯制成之后,是先打印戳记,然后才进行切割。切口平滑,且有刀修之痕,说明纵切时所用的工具是刀。

在另一带有瓦筒的瓦当上发现横切的断面上留有细绳勒割的痕迹。据痕迹分析:在横切时,细绳的一端固定不动,另一端则沿一定的方向旋转90°就行了。之外,在这张照片中,还可以清晰地看到纵切到瓦当底部即当背处有细棒压印的痕迹,说明纵切使用到细棒,或者是与刀配合完成的。

通过对这些陶片的分析,可以了解到秦代工匠制筒瓦的方法有泥条盘筑法、轮修法和使用内模制作法。在利用泥条盘筑法制作的筒瓦内部,可以看到有泥条盘筑之痕,并有麻点纹。采用内模制法的瓦筒内部印有布纹。布纹瓦早在战国晚期的郑韩故城就已出现,在秦代有所发展,至汉代普遍流行,这是古代制陶工匠在技术上的革新。

古代瓦当

制好的瓦当坯晾干以后就可以入窑进行烧造。古代烧制瓦当必用瓦窑，最早的瓦窑目前还没有发现，但是在瓦当发达的秦汉时期的陶窑已有发现。这时的瓦窑已有官私之分，管理也相当严格。近年来在秦始皇陵园附近发现了秦汉时期的窑址，考古工作者初步认定是秦代瓦窑，已沿用至汉初。窑址内发现大量砖瓦，从其规模和数量来分析，当为官窑。秦始皇陵园规模宏大，现已确定曾经存在的建筑物达几十处之多，这些建筑物需要大量的陶质建材（包括瓦当），这无疑要求就近建立相当规模的建材制造场所。这些窑址距秦始皇陵园很近，很可能就是当年修建秦始皇陵时烧造砖瓦的场所之一。

至于秦汉时期私窑制烧砖瓦，也理应存在。目前所发现的秦汉瓦当尽出于一些大的都城、陵邑、离宫等建筑遗址，其所用瓦当，当为官府督造，亦可能以官窑为主，私窑为辅。

制陶手工业发达，是古代社会（特别是在秦汉）经济发达的一个重要标志。考古工作者在秦始皇陵园发现的秦代板瓦和筒瓦，残片上有许多陶文戳记，官府管理制陶手工业的机构名称有"宫水"、"都水"、"北司"等。表示制陶工匠来源地和名字的有"安邑皇"、"安邑禄"、"美阳工仓"、"降高"、"当阳克"、"皮氏卯"、"漆状"等。陶文戳记不仅是当时秦中央政府加强制陶管理的一种有效措施，而且还可理解为是制陶工匠对自己的产品认真负责的一种表现。

至目前，在秦始皇陵发现的陶文戳记表明陶工的来源地有杜、好畤、新城、宜阳、美阳、安邑、蒲反、绛、当阳、皮氏和冀等几十个，而且就是同一地方的工匠也有几个，如"安邑皇"、"安邑禄"。这与《史记》记载秦始皇从全国各地征调苦力为自己修筑陵墓之事吻合。在秦统一以前，由于政权分立，各地的瓦当制作各有所长，亦有所不足。而在秦统一后，各地的能工巧匠被征调到一起工作，这实际上是他们交流提高制陶技术的大好机会。加上政府的严格管理，制陶技术得到空前提高，这也正是秦汉社会制陶手工业发达的一个重要原因。到了西汉，统治阶级为自己建造的宫、观、苑等大型建筑并不比秦代少，汉王朝在中央亦设有专门机构来管理庞大的官府手工业生产。据文献记载，汉武帝时在杜陵南山下，建瓦窑达数千处。20世纪70年代初，在西安三桥镇南发现汉代陶窑数百座，留有各类完整瓦当达数百品之多。这些窑址，规模大，分布集中，地处西汉京城附近，很可能是官窑或者是受官府统一管理为京城提供陶质建材的民窑。西汉官府制陶业系由宗正属官都司空及少府官左右司空主管，东汉则由少府属尚方令主管，产品主要是归皇室贵族使用。

在古代建筑中，板瓦、筒瓦和瓦当是配合使用的。首先在房屋顶上将板瓦由屋檐口向上依次仰铺，要求上瓦压下瓦。这样铺设若干行，以覆盖屋顶。然后在两行板瓦间的接缝处，覆以筒瓦，带瓦当的筒瓦用在檐口，以护橼头，然后再依次覆以筒瓦，方法仍然是要求上瓦压下瓦。时至今日，人们在建造瓦房时多只使用板瓦，而很少使用筒瓦和瓦当了。古人为了使建筑物美观，常常给瓦当当面板瓦和唇部施以鲜艳色彩，常见的是涂以朱色，比如在秦始皇陵出土的秦板瓦唇部残片上就涂有朱色。在陕西华阴华仓遗址出土的一面云纹瓦当，底色全部施垩，卷云纹则涂朱色，色彩明快，异常醒目。而今，我们虽几乎见不到秦汉建筑之实例，但是通过这一系列精美的瓦当图案及其鲜艳的色彩，仍能想象到它们昔日的风采。

知识链接

宋·欧阳修《古瓦砚》

金非不为宝，玉岂不为坚？

用之以发墨，不如瓦砾顽。

意思是说，黄金不可以说不是宝贝，玉石没有不坚硬的，但用这两个东西去研墨，就不如瓦砾的顽强了。

本诗从价值角度赏析，价值是指客观事物对人们需要的满足，即对人们的有用性。有用的程度越高，价值就越大；反之，价值就越小。而人的需要是具体而复杂的，不仅表现为多方面、多层次的需要，而且处于不断变化发展之中。某种物品对于人的意义和价值的大小，又是有条件的、可变的。如诗中所说，如果用来"发墨"，瓦砚的价值是金玉之贵也无法取代的。一个人对社会有没有价值，或价值的大小，也是多方面、多层次的，无论是做工、务农、从军，还是某方面的专家、学者，都能够从某一特定的方面为国家、为社会做出贡献，满足社会的需要，因而都可以实现自己的人生价值。

第三节
瓦当的发展历程

屋檐最前端的一片瓦为瓦当，瓦面上带有花纹垂挂圆形的挡片。瓦当的图案设计优美，字体行云流水，极富变化，有云头纹、几何形纹、饕餮纹、文字纹、动物纹等，为精致的艺术品。瓦当艺术属于建筑体裁，包含着我国人民历代社会生活中的一种美的素质。它留给我们的艺术价值是难以替代的。

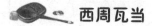 ## 西周瓦当

早期人类在生存的激烈竞争中，栉风沐雨，备受艰辛。当时他们赖以栖身的地方主要是天然的洞穴，如距今 80 万—100 万年前栖居在秦岭北坡的蓝田人。在距今约 4000—1 万年的新石器时代，先民的生存能力已有了长足发展。他们发现黄河中游一带，黄土肥沃而疏松，用简单的工具犁耕播种，便有令人欣喜的收获。于是他们定居下来，开始从事农业种植，这里于是成为中华古代文明的摇篮。在居住方面，他们已能够在地面挖一个深约一米左右的圆形或方形的坑，四周再支上木柱，封闭后再覆顶，形成所谓半地穴式建筑。到了距今约六七千年的半坡人时期，在构筑于地面上的木骨泥墙茅草屋中，他们过着艰苦但十分平等的生活。

到了奴隶制文明高度发达的商代（公元前 16 世纪—前 11 世纪），虽然人们已能制造颇为庄严华丽的青铜彝鼎，但其房屋建筑仍十分原始。如河南偃师早期商都遗址及湖北黄陂商代中期方国都城遗址上发现的建筑遗迹均为木骨泥墙。版筑墙虽然在河北藁城商中期遗址中已有较好的保存，但仍不见一砖一瓦。大家都知道河南安阳殷墟是商代晚期的都城，这里发现有驰名中外的中国最早成熟文字——甲骨文以及众多精美的商代青铜重器。安阳小屯是当时商都的宫殿区，经过半个多世纪的发掘，先后发现建筑基址 50 多座，虽有夯筑良好的版筑墙，但仍无砖瓦踪迹。古建专家告诉我们，当时的房架皆以木柱支撑，墙用版筑，房顶仅以茅草覆盖。历史发展的局限，使贵如一国之君的商王也只能住在今天看来十分简陋的"草房"里。

那么，砖瓦这两种重要的建筑材料到底是什么时候才出现的呢？过去人们有个笼统的说法：秦砖汉瓦。多数人都相信秦时才有了以瓦覆盖屋顶的事。然而近几十年的考古发掘改写了这一历史，证明是周人最早创造使用了砖和瓦。

周人原是陕西关中西部黄土高原的一个弱小部落，周的祖先弃擅长种植，帝舜封弃于邰（今陕西武功县），号曰后稷，后世推为中华农业的始祖。夏建立后，周族首领被任命为农官。传至不窋，夏后氏昏乱，不事稼穑，周人

"失官"而被迫逃窜于戎狄之间（《尚书·大诰》）。这是周人第一次大迁徙。周人在戎狄间生活艰辛，传至公刘，第二次大迁徙至泾水中游的豳。他率领族人"复修后稷之业"，大力发展生产，建立了武装。1980 年在这一带的长武碾子坡发现了先周房屋基址等大量遗迹遗物，为研究这一时期的周人文化提供了珍贵的实物资料。

以后周族发展为商朝西部强大的部落。从商代武丁卜辞中常见的"周侯"字样，可知此时周人大概已受封为西方侯国。周人经济的发展，引来戎狄的觊觎。古公亶父审时度势，说服族人进行第三次大迁徙，逾梁山，渡漆、沮，来到岐山下的周原。其他方国、部落"闻古公仁"，纷纷追随而至。在这里，古公亶父率周人接受先进的商文化，建立国家机器，创造了辉煌的周原文化。

周原位于关中平原西部、东距西安 100 公里的扶风、岐山县境。东西长约 5 公里，南北宽约 3 公里，这一带分布着大量的西周建筑、墓葬、制铜和制骨作坊等遗址。1976 年以来，除搞清了这个早周都城的地望范围外，还发掘了两处西周早期和中期的宫殿（宗庙）建筑基址。在这相距 1.5 公里，遥遥相对的名叫岐山凤雏村西周宫室遗址和扶风召陈村西周宫室遗址中明确发现了我国最早的瓦和瓦当。

凤雏村西周甲组宫室建筑基址南北长 45.2 米，东西宽 32.6 米。坐北朝南，略偏西北 10 度。整组建筑为三进院落，东西对称，结构严谨。以影壁、门道、前堂和过廊为中轴线，东西两侧配置门房、厢房，显为经过精心设计一次建成的完整的"四合院"式建筑。据碳年代测定，其距今约 3100 年左右，当为武王灭商以前建造。从发掘出土的大量的建筑堆积，如墙皮、朽木、芦苇和草木杆搅拌的墙皮土坯、柱石、瓦等实物看，西周初年确已发明使用了瓦。但此期瓦的数量并不多，只在屋脊、檐口和天沟附近才使用，主要还是在屋顶覆以芦苇，然后再抹上几层草拌泥，厚 7~8 厘米，基本仍停留在"茅茨土阶"的水平。传为周公所撰的中国最早的辞典《尔雅》释宫云："屋脊曰甍，蒙也，在上覆蒙屋也。"正反映出最初草顶上覆瓦脊的历史事实。

古代瓦当

西周早期，屋顶局部覆瓦的状况到西周中期有了很大改观，出现了屋面全部用瓦并开始使用了瓦当。其最早实例见于扶风召陈村西周宫室遗址。该遗址也是 1976 年发掘，共发掘了 15 座房基，面积 6000 多平方米。其中以 3 号房基最为完整，其夯土台基东西 24 米，南北 15 米，残存仅高出基下踩踏面 20 厘米左右。其正面六间七柱，侧面五间六柱，面积 281 平方米。正间中间两间最宽，面阔 5.6 米。不论从建筑面积和面阔讲，召陈村第 3 号房是已发掘的西周时期整个周原最大的建筑基址。它的建筑水平较凤雏村的房基有了很大的发展，最明显的就是：柱子特别粗，最大的基石边长 1.2 米，屋面全部覆瓦并出现了瓦当。召陈村的诸多建筑基址除一座建于西周早期外，其他均建于西周中期，废弃于西周晚期，距今约 2900 年左右。古建专家经缜密研究，认为他们皆为四阿式建筑。

周原的考古发掘告诉我们，瓦的发明当在西周初年或更早，到了西周中晚期我国的大型建筑则出现了瓦当。

最好的瓦当皆出土或采集于周原扶风召陈村遗址，均为半圆形，质地坚

早期的瓦当

硬，呈青灰色，当面平整无突起的边轮。有出土时当面纹痕内还残留有朱红颜色。瓦当分为素面无纹和刻画纹饰两类，素面瓦当一般形体较小，数量不多，如召陈村采集的一件素面瓦当，面径17.6厘米。饰纹瓦当发现较多，直径一般在17.7~25厘米之间，纹饰皆以重环纹为主，间饰弦纹、同心圆纹等。其制作大致是先制成圆形瓦头，然后再在其上盘筑成圆筒体。这时其形状有些像水桶，再用细绳勒割为两半即成。当面的纹饰是制成后手工刻绘的，这与以后以模范制瓦当颇不一样。

重环纹是西周中晚期青铜器上常见的一种重要纹饰。它的基本特征是一长方形的环，一端为半圆形，一端为内凹出角，整体略呈椭圆形，环有一重、两重、三重三种形式。如铭文最长的西周晚期重器毛公鼎上腹部即饰一周三重重环纹。1972年，周原刘家村出土一件西周中期铜镜的背面也装饰有一周精美的重环纹。那么，西周中晚期流行的重环纹同时出现在其国都重要宫室的屋檐最为显著处的瓦当上，难道它仅仅是一般的抽象几何图案吗？日本瓦当专家村上和夫在他的《中国古代瓦当纹样研究》中认为，重环纹不是普通意义上的几何图案，它是天的象征。可以这么说：周宫室瓦当上的重环纹是周统治者"敬天保民"施政纲领的无声独白。

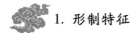 **齐瓦当**

这是指带有齐国文化色彩的瓦当，包括春秋战国时期的齐国、汉代的齐国及受其文化影响的周边地区所发现的瓦当，其基本范围在今山东省境内。齐瓦当纹饰具有鲜明的地方特色，无论是题材内容的选择，还是整幅画面的布局以及形象的塑造，都具有不同于别国的艺术特色，其所附着的丰富文化信息，为研究古代文明甚至远古文明的发展变化，提供了不可多得的实物资料。

1. 形制特征

齐瓦当采用经过筛选的黄土作坯，高温烧制，其质地细密坚硬、色泽均匀、表里一致，呈灰色或蓝灰色；少数烧成火候稍低者，质地略显松软，呈灰褐色。其形式分半圆形和圆形两种。

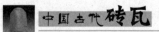

齐瓦当

 2. 纹饰内容

纹饰内容丰富多彩、题材广泛是齐瓦当的一大特色，包括自然物种、社会生活、意识形态三大方面。在瓦当画面的构成中，大都是以树木作为母题纹样，装饰在当面中央的突出位置上不变，左右两侧则配以其他纹样，组成不同的画面，构成齐国瓦当独有的特点。

 3. 构图特色

齐瓦当主要采用中国传统的对称手法。它的结构特点是"同形等量"，即以中轴线或以中心点为对称轴，向左右上下四方配置形状相同、大小分量相等的纹饰，构成线对称或点对称图案。

秦瓦当

秦人本是东夷集团的一支，大约在周代末年迁到今甘肃天水一带，过着游牧狩猎的生活。公元前770年立国，后又逐步向前发展。文公四年（公元前762年）迁居汧渭之会（今宝鸡市汧开河西岸的戴家湾一带），宪公二年

（公元前 714 年）又徙居平阳（今宝鸡县平阳镇）。目前在二地尚不见秦人用瓦之踪迹。1977 年，考古工作者发掘出了德公居雍后稍早的姚家岗凌阴遗址，在这里发现了陶瓦。这就是说秦人用陶瓦在德公居雍时或稍晚。

制作和使用陶瓦是人类文明进步的标志。早在西周时的周原，周人就发明了陶瓦。秦人用瓦，是秦人东迁过程中受到周人先进文化影响的结果。自公元前 677 年德公居雍到公元前 383 年长达 290 多年里，秦人一直以雍为中心，历经了 19 位国君，不断为后来的东扩做准备。

在这里，秦人创造了辉煌的建筑文化，以各种动物纹图像为内容的瓦当便是其中的一朵奇葩。

秦人早期的瓦当还不发达，一般为素面或绳纹半圆形，至目前主要发现于春秋时秦都雍城遗址范围内的豆腐村、义鸣堡、铁沟村、瓦窑头、高王寺、孟家堡、姚家岗和马家庄等遗址。

进入战国以后，秦瓦当的发展进入了一个辉煌的时期。

 1. 秦国动物纹瓦当

秦动物纹瓦当包括：夔纹、龙纹、凤纹、夔凤纹、虎纹、蟾蜍纹、獾纹、虎雁纹、斗兽纹、四兽纹、鹿纹、鹿鱼纹、马纹、鸟纹、蜻蜓纹等几十种纹饰，图案之丰富，令人惊叹。动物纹瓦当首先发现于战国秦遗址，图案分单体动物纹和复合动物纹。其发展规律是从单体动物发展为复合动物，而且，一般单体动物纹圆瓦当当面均无界格，这一类瓦当多出土于战国秦雍城遗址，时代约在战国前期和中期。瓦当当面设有区间界格的复合动物纹瓦当，其时代略晚于单体动物纹瓦当，大概流行于战国中期。这类瓦当大多出土于秦雍城遗址，咸阳、西安一带的秦遗址也有少量发现。当面以界格线分为四区间的复合动物纹瓦当，流行于战国中晚期，在秦咸阳城、芷阳城遗址均有出土。至秦代，这种瓦当已趋衰落。

有学者研究认为，凡游牧民族，大都习惯于将他们生活中习见的事或物有

动物纹瓦当

意进行描绘、刻画，甚至成为他们崇拜的对象。这正是宗教和艺术源于生活的反映。在我国北方草原地区活动的游牧民族，以各种动物纹饰装饰美化他们的生活是其共同的文化特征。从细微的表现手法到整体的构图，秦瓦当动物纹样与其有相似的特征。秦的动物纹瓦是秦人当时游牧经济生活的反映。这与《诗经·秦风驷𬴂》中所记叙的秦公游猎场面相一致。

当然秦的动物纹瓦当中最有特色而值得称道的还是各种鹿纹瓦当。这类瓦当的图像常见的有：奔鹿、卧鹿、立鹿、子母鹿等十多种。制瓦工匠凭着丰富的生活阅历以及锐敏的观察能力，数笔之下描绘出鹿的温驯、机警和善奔善跃等特征，或静或动，千姿百态，以凤翔雍城遗址所出最为精绝。陕西凤翔雍城遗址发现有一品鹿纹瓦当，面径 14 厘米，当面主题仅为一只昂首奔驰的鹿，大而长的双角，圆而壮的身体，健而有力的腿，双角后倾，臀部高高翘起，极为传神逼真。更具匠心者，还在当面的空隙处填以蟾蜍、犬、飞雁等小型动物纹，作为衬托，使得鹿纹主题更为突出，而且还洋溢着极为浓厚的生活气息，瓦当画面简直成了一幅自然风景画。

2. 秦国太阳纹瓦当

太阳纹瓦当亦称作轮纹或辐射纹瓦当。至目前为止，这种瓦当仅发现于凤翔雍城遗址和秦都咸阳遗址。此类瓦当中心为一圆饼，以圆为中心向四周引出 31 条射线，犹如太阳的光芒。《新编秦汉瓦当图录》中著录一品，面径 13.4 厘米。世界各地的民族，其古代文化大都同太阳有着密切关系。如古埃及人使用太阳历，玛雅人信奉太阳神等。太阳纹瓦当的出现，亦当理解为秦人对太阳崇拜的一种反映。又有人认为辐射纹图案的含义可能是象征运动着的"水"。秦人以水纹装饰瓦当应与其主"水德"有密切关系。至于称作轮纹的人则认为其与车轮相像。

3. 秦国图案瓦当

图案瓦当是图像瓦当的发展和变体，图像瓦当可以看作图案瓦当的初级形态。与图像瓦当相比，图案瓦当的形象性不强，它不是对生活的直接模拟，而是一种间接的曲折反映。初看起来，似乎离现实生活较远，但实际上我们能在现实生活中追溯到它的源头，找到它的模拟对象。所以说，图案艺术源

图案瓦当

于生活，而高于生活。只有对生活有深刻的认识和理解，才能概括、归纳出生动的图案形象来。图案瓦当的出现，是当时人们认识自然、改造自然的必然结果。

秦图案瓦当主要有葵纹瓦当和云纹瓦当两种。

（1）葵纹瓦当

独具一格的秦葵纹瓦当，在秦瓦当中最具地方和时代特色。它的出现，大约在战国之初，到战国中期基本定型，战国晚期和秦代是其盛期，直到西汉初仍然使用。

关于葵纹图案的来源，传统认为的"葵纹"实际并非源于植物的"葵花"，有人从葵纹瓦当纹饰的细微处观察，认为是"植物叶尖和动物尾巴的曲卷"。后来，又有学者研究认为，它是从传统所说的"辐射纹"、"旋云纹"发展而来，其含义可能是象征运动着的"水"。秦人以水纹装饰瓦当是与其"水德"密切相关的，这个说法很有道理。

秦的葵纹瓦当主要出土于秦都雍城、栎阳和咸阳，其他地点出土较少。葵纹瓦当有着自己的演变系列。就雍城所出土的葵纹瓦当来看，还处在这类瓦当的初级阶段，数量和种类都比较少。当面有两重空间，当心为圆饼，外圈饰数对"2"形纹样，与规格整齐的葵纹瓦当尚有一定的距离。栎阳城址所出土的葵纹瓦当与雍城所出土的截然两样，不仅数量多，而且已趋向定型。当面为两重空间，葵纹花朵均由双线环绕，左右逆向排列，富有韵律，是葵纹瓦当成熟阶段的作品。咸阳所出，种类更多，当心多为四叶、花蒂状；还有一种瓦当除卷曲葵纹朵数增加外，与栎阳城所出没有什么差别。

葵纹瓦当当心纹饰变化比较复杂，起初，当面多为"辐射纹"或"旋云纹"，它们象征着流动的水，当面中央往往形成一个漩涡点，呈现出乳丁纹饰特点。这类纹饰瓦当的进一步发展，使当面主体纹饰演变为当心圆中的纹饰，中心圆周边形成像"浪花"一样的花纹。当心"辐射纹"和当面"浪花纹"相简化，形成葵瓣纹。葵瓣纹由三线组成演化为双线或单线。葵纹瓦当中葵瓣纹的出现，当心圆晚于当面。在战国时代晚期前后，秦都咸阳的宫殿建筑遗址中出现的变形葵纹瓦当，其当心饰一似"海星"或"水母"形状的纹饰，但它们来去匆匆，持续不久。这或可作为"葵纹"象征水的又一佐证。

（2）云纹瓦当

云纹的产生大约在战国中晚期，到秦代已基本成熟。是秦汉瓦当的大宗，陕西地区的秦汉遗址普遍出土这类瓦当。以云纹为主题的瓦当，具有光亮、明快之感，这与秦汉宫殿体现的祥云缭绕、求仙升天的思想有密切关系，是当时社会的人们"祈求太平"、"永受嘉福"意识的反映。

云纹是如何演变而来的呢？陈直先生最先提出这个问题。他指出："云纹是由铜器上的纹饰及回纹演变而来的"，"至西汉中期，则以云纹定型"。后来，又有学者指出，同一艺术形象可以在不同的器物上使用，瓦当图案吸收过铜器上的纹饰。如临潼、咸阳出土的"饕餮纹"半瓦当，这种"饕餮纹"在商周铜器上就曾多次出现。事实上，瓦当的纹饰有着自己独立的发展变化规律，它不一定直接与其他器物上的纹饰发生什么承袭关系。

后来，刘庆柱先生对大量考古资料进行分析，从瓦当纹饰的自身变化

云纹瓦当

中，发现了云纹瓦当的由来。他说："从葵纹纹饰的变化来看，葵瓣从三线变化为复线（即双线），进而发展成单线。葵瓣方向有顺时针也有逆时针，葵纹中的葵瓣大小相间排列，一般各四个。大葵瓣尾部延至当面中央圆内又形成四个或三个小葵瓣。瓦当面外圆内的大小葵瓣，早期为同一方向，以后发展成大小葵瓣反方向相间排列。当面被分成四区间，每区之内各有一大小葵瓣，背向排列，形成俗称的'羊角纹'，这也就是云纹的最初形式。"从刘先生的分析中，我们知道，云纹源于葵纹。"同方向的葵纹瓦当，变成葵纹相间反方向排列，形成反云纹，纹由单线变为复线。反云纹是云纹的母题花纹。"他进一步详细指出，"葵纹向云纹的过渡发展：一是由葵纹演变为羊角形云纹，进而发展为蘑菇形云纹；二是由葵纹深化为反云纹，进而发展为云朵纹"。

由葵纹深化而来的云纹瓦当是关中秦汉瓦当的大宗，它随着秦汉一统帝国的建立，很快推及至全国各地。需要强调的是，关中地区秦汉时代发展、流行起来的云纹瓦当，在当时是全国最具代表性的图案瓦当。

云纹瓦当的母体花纹——云纹，大致可分为云朵纹、羊角形云纹、反云纹和蘑菇形云纹四种类型。它们出现的时代大体相近，约在战国中晚期，但在不同时期的流行情况是不一样的。

考古发现证明，蘑菇形云纹瓦当是秦汉云纹瓦当中最流行的一种。如在秦咸阳宫第一号宫殿建筑遗址出土的19品云纹瓦当中，其中有羊角形云纹和反云纹瓦当各2品，云朵纹瓦当3品，蘑菇形云纹瓦当12品（含简化蘑菇形云纹瓦当）。云纹瓦当的四种云纹变化，总的趋势是母体纹饰由繁到简，其中以云朵纹和蘑菇形云纹最为突出。如反云纹的云朵纹从双线发展为单线。各类云纹的纹饰尾端由繁到简，主要表现为尾端由多圈变为单圈。

秦云纹瓦当当面的当心圆中，除圆饼之外，还有四叶纹、网格线、半字纹、莲籽纹、曲尺纹、十字纹、同心圆纹等多种纹饰。

 4. 秦国植物纹瓦当

当面饰花叶纹，最著名的是秦故都雍城和西安三桥阿房宫遗址出土的莲花纹瓦当。阿房宫出土的莲花纹瓦当直径16.2厘米，这片瓦当上的莲花怒放，生机勃勃，筒瓦上印有"左宫"二字。左宫是"左宫水"的省文，宫水是秦时中央督烧砖瓦的一个专门机构。瓦当上有这样的文字出现，说明此瓦为左宫水主持烧制，以明负责。宫字类砖瓦陶文大多见于秦始皇陵和阿房宫遗址，而有印章的瓦当比较少，这是秦瓦当的一种十分显著的特色。

植物纹瓦当的出现比动物纹瓦当出现的时间稍晚，约出现于战国中晚期，主要有花叶纹，在秦故都雍城、芷阳、咸阳等遗址均有出土。凤翔豆腐村遗址出土的莲花纹瓦当，其中心圆四周有五朵花瓣，在花瓣的空间各有一只三角形的装饰物，构图巧妙，十分精美。西安洪庆堡出土的四叶纹瓦当，其画面为四界格分区，每区有

莲花纹瓦当

一片向外伸展的叶子，脉络十分清楚。临潼芷阳遗址出土的花苞纹瓦当，双栏十字分区，每区有伸展的花朵，含苞待放，构图精巧。这与战国时期的四叶纹铜镜相似，是六国装饰图案相互影响的见证。

植物纹瓦当中要数莲花纹最具有代表性，其他多为变形或零星花瓣、茎叶与云纹、葵纹相组合。

秦代植物纹瓦当于 1974 年和 1975 年在陕西咸阳秦都一号宫殿遗址出土，一般直径为 16.3 厘米至 19 厘米，边轮宽 1 厘米左右。秦代植物纹瓦当分两种：一为莲瓣纹瓦当，圆形，中间为单一莲瓣形，与凤翔出土的叶纹瓦当相似。二为葵纹瓦当，纹饰有四种：第一种在圈带内外用反向连弧线组成辐射状葵花形，成为一个整体图案；第二种在外圆圈带周围饰有六个卷曲纹样，似葵花；第三种为变形葵纹，中央圆圈变小，内饰花蒂，外圆圈由四个尖叶形体和四个卷云纹相间组成葵花；第四种似变形葵纹，又似变形云纹。

 ### 5. 秦代云纹瓦当

云纹瓦当样式极为丰富，变化多种多样，秦故都雍城、栎阳和秦都咸阳三处遗址出土最多。如战国晚期的秦"云纹瓦当"、"羊角形云纹瓦当"和"蘑菇形云纹瓦当"。

云纹瓦当是秦图案瓦当的主题，是从战国以来的葵纹演化而来的。我们可以从众多的战国至秦的葵纹瓦当中看到这一演变过程：葵纹逐渐演化为羊角形云纹、蘑菇形云纹，最终发展成云朵纹。瓦当纹饰同其他装饰艺术一样，

由繁到简，从写实到写意，由具体到抽象。云纹在其发展演变过程中吸取了自然界的云朵、花枝、羊角、蘑菇等因素，逐渐形成了较为抽象的卷云纹图案。云纹图案一般当心有圆突、网格、十字、四叶等，当面有四个分区。云朵有单线、双线两种。形状有羊角形、蘑菇形、几何形、卷云形。构图采取中心辐射、等量对称、四周均衡的原则，舒展流畅，华丽美观，富于变化。云纹具有光亮、明快的特点，像一朵朵缭绕的祥云飘在房檐上，更衬托出宫殿高耸入云的非凡气势。

秦汉时期人们渴望求仙升天，祥云缭绕于建筑之上，使人有登上瑶台为仙，步入琼阁成神之感，因此云纹成为秦瓦当装饰的主流图案。

秦云纹瓦当以蘑菇形云纹最为流行，秦咸阳宫一号宫殿遗址出土的瓦当以蘑菇形云纹居多，羊角形云纹次之。

从此，瓦当纹饰分四区排列的模式渐渐固定下来。

如果说西汉图案瓦当过于成熟，令人有单调之感，那么秦图案瓦当则变化自如，明显透露出一股朝气。

秦文字瓦当

瓦当上多有纹饰和文字，不但能保护屋檐，防止风雨侵蚀，它还是一种艺术品，富有装饰效果，从而使建筑物更加绚丽多姿。

文字瓦当是瓦当艺术中的一朵奇葩。关于文字瓦当的起源，史学家说法不一，有人认为文字瓦当始于秦代，有人认为文字瓦当源于战国。

"永受嘉福" 瓦当

为了破解文字瓦当起源之谜，1996 年，陕西省考古研究所雍城考古队在凤翔县长青乡孙家南头堡子壕遗址进行了科学试掘，先后在秦代文化层和战国时期秦国文化层中分别发现了一批文字瓦当。

这批文字瓦当均为秦文字瓦当，考古工作者从而确定秦文字瓦当源于战国时代，这一论断已被公认是科学可信的。

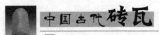
春秋战国至秦代是文字瓦当的萌芽期，到了汉代，终于步入巅峰，可谓百花齐放，争奇斗妍，绚丽多姿。

汉代瓦当

汉代瓦当是在秦代瓦当基础上发展起来的，青出于蓝而胜于蓝，与秦瓦当相比，汉代瓦当不仅数量多，而且种类更加丰富，制作也日趋规整，纹饰图案多姿多彩。尤其值得注意的是文字瓦当的大量出现，不仅完善了瓦当艺术，同时也开辟了一个全新的艺术领域和研究范围，更加鲜明地反映了当时社会经济、思想意识形态。总之，汉代瓦当以其数量之多，质量之精，时代特征之鲜明，文化内涵之丰富，把中国古代瓦当艺术推向了最高峰。

汉代文字瓦当

汉代瓦当很好地继承了秦代及先秦的瓦当艺术风格，一般有半圆形和圆形两种。半圆形瓦当在汉朝初年十分流行，圆瓦当在汉初时与秦代瓦当的风格十分相似，汉武帝以后逐渐形成了自己的特色。

西汉素面瓦当数量不是很多，多为纹饰瓦当和文字瓦当，纹饰瓦当又可分为图像瓦当和图案瓦当两类。图像种类十分丰富，有麟凤、狻猊、飞鸿、双鱼、玉兔、蟾蜍等数十种，构图精巧，别具一格。与秦图像瓦当取材于现实生活不同，汉代瓦当图像多取材于现实而又经过了高度艺术的夸张，有超脱现实生活的珍禽异兽，想象大胆，构图巧妙，线条细腻而不烦琐，浪漫主义色彩表露无遗。

1. 汉代文字瓦当

根据汉代瓦当文字的内容，文字瓦当可分为宫苑、官署、宅舍、祠墓、纪事、其他和吉语七大类。从现有资料看，不同文字内容的瓦当约有近400种，其中吉语文字瓦种类约占半数，其不同版本的实物更占存世文字瓦的绝

汉代文字瓦当

大多数。其他类的文字瓦分别有几种或三四十种。

各类文字瓦如宫苑、官署、宅舍、祠墓，自然施于不同的特定建筑之上，其实吉语文字瓦也未必仅意在祈福致祥，通用于各种建筑。例如通过考古发掘我们可以知道，宣帝时期天子陵园的门阙主要使用"长乐未央"瓦，很少使用"长生无极"瓦。而皇后陵园则与之相反，淳化甘泉宫遗址多见"长生未央"瓦，"千秋万岁"、"长乐未央"瓦则极少。

文字瓦当是汉代的主流，其内容之丰富自不必说，其高妙的书法价值更被历代文人墨客推崇备至。书画同源，书法是中国独有的艺术种类和审美对象，它的线条美比彩陶纹饰的抽象几何纹还要更为自由和多样化的线的曲直运动和空间构造，表现和表达出种种形体姿态、情感、意兴的气势力量，终于形成中国独有的线的艺术。

 ## 2. 汉代图案纹瓦当

西汉初年至汉武帝时，仍沿袭秦代的蘑菇纹、羊角纹。汉武帝以后，西汉中晚期至东汉，绝大多数瓦当用的都是云纹。

汉代瓦当风格古拙朴质，但古拙而不呆板，朴质而不简陋，装饰意趣极浓。

云纹瓦当是西汉瓦当中数量最大的一类。当面中心多为圆钮，或饰以三角形、菱形、分格形网纹，乳钉纹，叶纹，花瓣纹等。云纹占据当面中央的主要部位，花纹变化复杂多样。

在流行的圆形瓦当上，最常见的装饰纹样是卷云纹。卷云纹瓦当一般在圆当面上作四等分，各饰一卷曲云头纹样。变化较多，有的四面对称，中间以直线相隔，形成曲线和直线的对比；有的作同向旋转形。这种图纹的瓦当富有韵律美感。

图案纹是对现实生活中具体形象的高度提炼和抽象，运用几何线条简单地勾勒，所表现的对象被简化，而线条本身却在不断产生新的内涵。

 3. 汉代图像纹瓦当

　　汉代瓦当中，除云纹瓦当和文字瓦当以外，还有一定数量的动物纹图像瓦当，如四神（青龙、白虎、朱雀、玄武）瓦当，蟾蜍、玉兔纹瓦当和鱼、蛇、雁纹瓦当等。这些瓦当的图像，大都是一些带有浓厚神化色彩的动物，至目前为止，主要发现于一些汉代陵园建筑遗址和宗庙建筑遗址之中，有人认为这可能与汉代的神仙思想和鬼神观念有关。就发现数量而言，它远不如文字瓦当和云纹瓦当多，这可能与这类瓦当的使用范围有限有一定关系。

　　汉代图像瓦当中，以青龙、白虎、朱雀、玄武最具特色，人们称之为四灵（即四神）。四神是古代传说中的四方神，其中青龙能呼风唤雨，象征东方、左方、春天，故为四神之首；朱雀是理想中的吉鸟，象征南方、下方、夏天；白虎象征着西方、右方、秋天；玄武是龟和蛇的组合变化图案，象征着北方、上方、冬天。四神同时也被认为是颜色的象征，即蓝（青）、红（朱）、白、黑（玄）。

　　关于四神瓦当出现的时间，有几种看法，有人以在茂陵地区曾出土过四神图像的砖为据，认为四神瓦当是西汉中期的产物。现在考古发现的"四神"瓦当，均出土于汉长安城南郊西汉晚期的"宗庙"遗址。咸阳市博物馆藏有汉哀帝义陵出土的这种"四神"瓦当。陈直先生认为虽然王莽"九庙"遗址所出"四神"瓦当很多，但此建筑是用拆毁汉代上林苑和建章宫土木建筑的材料所建，"瓦当应亦在移用之列"。但至今未在建章宫和上林苑两处遗址发现"四神"瓦当，"移用"之说显然很难成立。"四神"图案在空心砖上使用，并不能说明这种图案也必然同时在瓦当上使用。"四神"瓦当流行于西汉晚期，但其产生的时间，只能根据四神空心砖推想它的产生可能也在西汉中期，这还有待于新的考古发掘和进一步的研究来证实。

青龙纹瓦当

（1）青龙纹瓦当

青龙（又名苍龙），四神瓦当之一。陕西西安汉长安城遗址出土一品，面径19.3厘米，当面为青龙形象，龙作走形，中心为一凸起的乳丁，现存陕西历史博物馆。有人认为这是汉代未央宫东阙，即苍龙阙之用瓦。西安市北郊坑底寨村出土一品龙纹瓦当，面径18.3厘米，龙纹与前者不同，作飞形。

（2）白虎纹瓦当

四神瓦当之二。出土于陕西汉长安城遗址，面径18.5厘米，边轮宽1.8厘米，当厚2.8厘米。当面饰一白虎，中心为一凸起的乳丁。《淮南子》曰："西方之金也……其兽白虎。"有人认为这是汉未央宫西方殿阁用瓦，安康宋云石旧藏，现藏安康地区文管会。另在陕西省周至长杨宫遗址采集一品，面径为18.5厘米，边略残，当面中心仍有一凸起的乳丁，但纹饰与长安城遗址所出之白虎稍有不同。西安北郊坑底寨村出土一品虎纹瓦当，面径21厘米，造型优美，极为罕见。另西安文物库房藏一品虎纹瓦，直径19.8厘米，亦华丽雍容。

（3）朱雀纹瓦当

四神瓦当之三。出土于西安汉长安城遗址，面径15.8厘米。当面为朱雀形象，按凤头、鹰喙、鸾颈、鱼尾组合而成，十分生动，中心有一凸起的乳丁，现存陕西历史博物馆。陕西周至长杨宫遗址曾发现一品，面径19厘米，略残，纹饰与前瓦稍异。《西北大学藏瓦选集》中亦著录二品，面径分别为17.5厘米和16厘米，纹饰与前诸瓦稍有不同。西安市北郊坑底寨村出土的朱雀纹瓦当，更是罕见之品。

朱雀纹瓦当

（4）玄武纹瓦当

四神瓦当之四。出土于西安汉长安城遗址，面径18厘米，边轮宽2厘

米，当面为一玄武，中心仍饰一凸起的乳丁，应为汉未央宫北阙用瓦，现存
陕西省考古研究所。《西北大学藏瓦选集》亦著录一品，面径 18.8 厘米，出
自汉长安城遗址，与前瓦图案相像，纹饰稍异，文中名作"龟蛇纹瓦当"，不
妥，应为玄武纹瓦当。陕西周至长杨宫遗址也出土过一品玄武纹瓦当，面径
19 厘米，其当面纹饰与前二瓦差别较大。《西北大学藏瓦选集》还著录有玄
武纹瓦当范，面径约 16 厘米，很是珍贵。西安市北郊坑底寨村出土一品玄武
纹瓦当，很是奇特。这品瓦当面径 19 厘米，当面龟蛇皆为正面，龟卧立在中
央，伸张颈部、张口。两蛇缠绕龟身，并交错伸张在龟的两侧，蛇张大口，
好似龟蛇正在搏斗，造型十分生动形象，这种正面玄武纹瓦当很是稀少，有
极高的价值。

 ## 汉代以后的瓦当

随着西方佛教的传入，莲花纹、兽面纹瓦当渐渐多起来，云纹则简化变
形，并且渐渐消失。早在秦时已经出现的莲花纹，由于佛教的广泛传播也被
赋予新的含义。纹饰有素瓣莲花变为复瓣莲花，周围多饰有连珠纹，成为魏
晋隋唐以至于宋代瓦当的主要装饰题材。辽金时期兽面纹的再度出现，也是
中国古代瓦当艺术的最后一次辉煌。隋唐以后文字瓦当极为稀少，也渐渐淡
出了历史舞台。

宋代以后，瓦当继续呈衰退之势。瓦当题材中佛教题材大减，兽面纹成
为瓦当的主流，另见少数莲花纹瓦当和龙纹瓦当等。

元明清时期是瓦当发展的低谷。元代少数民族政权，在瓦当中，清一色
的采用兽面为主的瓦当纹样，并无出新之处。明清两代瓦当以琉璃瓦为皇室
用瓦，图案采用云龙纹为主。这一时期，由于普通民居的砖雕发展起来，冲
淡了瓦当作为装饰的主体地位，瓦当无发展之地。于是，瓦当之发展停滞了
下来。

1. 兽面纹瓦当

兽面纹瓦当流行于辽、金、西夏和元，明代亦见使用。与唐代兽面纹瓦
当最大的差别是唐代常见于兽面纹瓦当外围的联珠纹渐渐不见了。

辽兽面纹瓦当一般直径在 14 ~ 20 厘米之间，当面宽平，兽面略突起，蒜

头鼻，椭圆口，口角上饰卷曲或笔直的胡须。其瓦多保留唐瓦遗风，在兽面外有一周联珠纹，其实物在辽中京城遗址中曾有出土。

金兽面纹瓦相对比辽瓦更生动些，兽面突起较高，更富浮雕之立体效果。如内蒙古呼和浩特金代遗址曾出土一件，须眉清晰，没有凸起的边轮。

西夏瓦当的实例不多，从宁夏贺兰县宏佛塔清理的十余件完整兽面纹瓦当看，直径9.2厘米，白色或砖红色的胎上施有绿色琉璃，瓦当的制作较为精细。

元代兽面纹瓦当略近于金，但有简化趋势，獠牙外凸明显。1983年，内蒙古赤峰敖汉旗白塔子乡元代武平县遗址南约500米处出土一件元代瓦当范。此范长23.1厘米，宽16.6厘米，厚3.3厘米。范为泥质褐陶，火候很高。正面为扁桃形，兽面边缘饰勾云纹，背面略平，正中竖刻"至大叁年五月日记"。元武宗至大三年为公元1310年，此元代纪年扁桃形瓦范则为首次发现，为瓦当家族又添一员，也为元代瓦当断代增添了珍贵的标准器。

明代的兽面纹瓦当不像前朝富于立体感，主要用线勾勒兽面的轮廓。天津蓟县独乐寺塔出土的兽面纹瓦当，兽面以眉、鼻、口部为主干，有宽阔的边轮。

 ## 2. 莲花纹瓦当和龙纹瓦当

与唐代瓦当莲花纹多为正面俯视形象不同，辽、元、明瓦当莲花纹多为莲花侧视绽开的形象，如天津蓟县独乐寺塔明代大修时使用的一方莲花纹瓦当。

龙纹瓦当大抵出现于金代（1115—1234年），沿用至明清。当面以浮雕盘龙纹为主体，辅以流云或宝珠纹等，其演变的基本轨迹是从粗糙而渐趋华丽。金代的龙纹瓦当往往龙首居中，粗犷强健。元代瓦当龙纹渐趋纤巧，龙为3爪，外缘还饰一周联珠纹。明代瓦当龙纹精细传神，龙身盘曲，极富动感，很好地表现了蛟龙腾云驾雾的非凡气派。西北大学文物陈列馆藏有一件明琉璃龙纹瓦当，直径15.5厘米，堪为一代之标准。清代瓦当龙纹鳞甲细密，常作五爪，造型匀整。但大体来说，明清瓦当的龙纹雕饰较甚，缺乏厚重之感。

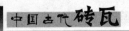
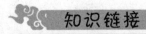

知识链接

汉代四神瓦当

在汉代非常流行的砖瓦应当是四神纹瓦，它囊括了四种动物——即青龙、白虎、朱雀、玄武，由这四种神兽组合而成的一组图案，又叫作"四灵纹"。四神纹在汉代应用非常广泛，漆器、石刻、砖瓦、铜镜等各种工艺品的装饰上都有出现。汉代把四神当作和避邪祈福有关，它又代表季节与方位。青龙的方位在东，表示春季；白虎的方位在西，表示秋季；朱雀的方位在南，表示夏季；玄武的方位在北，表示冬季。曹操的儿子曹植在《神龟赋》中记载道："嘉四灵之建德，各潜位于一方，苍龙虬于东岳，白虎啸于西岗，玄武集于寒门，朱雀栖于南方。"这就是对四神最为生动传神的描述。这四种神兽中，玄武较为奇异，它是龟与蛇的合体。"玄武谓龟蛇，位在北方故曰玄，身有鳞甲故曰武"。有人这样理解，这可能和古代图腾信仰有关，是氏族外婚制的体现。在瓦当形制上，汉代瓦当的突出特点是中央绘有大圆柱，旁轮宽且整齐。早期制作分为三道工序：制造瓦心、制作旁轮、上瓦当。西汉中期之后，瓦心和瓦轮不用划分两次制作，而是一次性制作完成，制作过程得到了最大简化。这些模印有青龙、白虎、朱雀、玄武四大神兽的瓦当，显得大气磅礴，形态生动，不愧为新莽时期的代表作品。

汉代人们更相信四神和天地万物以及阴阳五德关系紧密，拥有护佑四方的神力，因为这个原因，颇为好古的王莽特别用"四神"瓦当装饰自己的宗庙，祈求用"四神"瓦当驱邪镇宅，保佑宗庙乃至社稷江山万古长存。

第五章

建筑：砖与瓦的结晶

　　砖和瓦是历史悠久的建筑材料，砖瓦相融的组合结构，构成了中国古建筑历史的特色风貌。我国古代建筑有着独特的单体造型、中轴对称、方正严整的群体组合与布局，以及变化多样的装修与装饰。

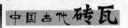

第一节
建筑结构认识

梁与月梁

　　梁、月梁是建筑中搭在柱顶的水平受力构件。在一般的大型建筑中，梁放在斗拱上，而规模比较小的建筑物，梁头直接放在柱上。横断面多呈矩形，明清时渐渐趋近于方形。南方的梁不少采用圆形，以达到节省木材之目的。梁下两端有柱子支托，上面能担负顶部荷载。

　　梁呈上弧形，梁底略向上凹，梁两端常常加以雕饰，此种状如拱月的梁就可称为"月梁"。

月梁

枋与额枋

　　枋，檐柱之间起联系作用并水平承托屋顶重量的构件。南北朝前多置于柱顶，隋唐后移至柱间。

　　额枋，常常位于建筑四面向外，在檐柱与檐柱之间起联系作用的矩形横木。宋代及宋代以前称为"额枋"，宋以后称为"阑额"，也有"檐枋"的叫法。建筑正面的额枋，是雕刻和彩绘装饰的重点部位之一。

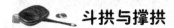 斗拱与撑拱

斗拱，位于屋檐下柱顶与额枋之间，以榫卯结合、交错叠加而成的构件，有分散梁架重载和承挑外檐荷重的功能。它不仅是我国木结构建筑特有的构件，而且它的装饰作用十分特殊，除此之外，还作为封建社会森严等级制度的象征和重要建筑的尺度衡量标准。

撑拱，檐柱外侧斜向支撑挑檐檩的构件，明代前仅为斜木杆，后逐渐增加了挑木及斗拱等，装饰日益繁多。

 知识链接

身价不让美玉的砖瓦砚

古代文房四宝中，古砚一直以来就在文人墨客眼里具有非常高的地位和价值，不仅在民间，历代宫廷内府也多有收藏，特别是在清廷内府中更甚，还根据清宫内府所收藏古砚著录出图谱——《西清砚谱》（共24卷）。此砚谱卷一到卷六所记载的都属于陶砚，共有55种，上至汉代未央宫东阁瓦砚，下到明代的澄泥砚。其中，汉代的"未央"、"铜雀"等古砖瓦砚都被列为砚林精品。

古人制砚，选取的砚材可谓种类繁多，在中国早期，文人普遍使用的还是陶砚与石砚。唐人吴融《古瓦砚赋》中记载道："勿谓乎废而不用，瓦断而为砚。"说明早在唐宋期间，就有人用古代砖瓦磨制作砚者，等到了清代竟成风尚。砖瓦砚所使用的砚材就是来源于秦汉魏晋废毁宫殿的残砖、碎瓦。汉代大肆修建铜雀台烧制而成的台砖台瓦，所使用的土料全部经过细心的处理，并搅拌上胡桃油，加上丹、铅、锡等，因而烧出来的砖瓦显得十分细腻光洁，用来制砚最是合适，《文房四谱》上就说它："体质细腻而坚如石，不费笔而发墨，此古所重者，而今绝无。"

利用古代帝王家砖瓦琢磨加工改造而成的砚台，取名为"瓦砚"或者"砖砚"，不但有实用价值，而且具有观赏性，放在书桌上非常古雅。在古砚中，特别以文字"瓦当砚"、铜雀台瓦砚、汉魏铭文砖砚最负盛名。历代文人雅士无不以能得此一砚为人生一大快事，在宋代时已是百金不换。北宋大书法家黄庭坚为王文叔写墓志铭文，其子以一块铜雀台瓦作为答谢之礼，这件珍贵的礼物，黄庭坚十分喜爱，后来还特地写了篇铭文纪念。皇帝也不例外，清宫所藏的铜雀台瓦砚上也留下了乾隆御玩、御赏印刻。以砖制砚者基本上是用汉砖，因为汉砖上多有图案、文字，高古淳朴，更具玩赏价值。

牛腿与雀替

牛腿，是结构及装饰日趋复杂的撑拱在江浙一带的常用叫法。

雀替，用于梁、额枋与柱的交接处的木构件，其主要作用是增加梁头抗剪能力、减少梁枋之间的跨距。元以前雀替多用于内檐，明清普遍在外檐额枋下使用。早期雀替只饰彩画，没有其他雕饰。从明代开始，多雕刻云纹或卷草纹。清中叶以后，雕刻龙头及飞禽增多，南方及沿海人物造型雀替风靡一时。

庑殿顶与歇山顶

庑殿顶，是屋面有四坡并有正脊的屋顶，通常有重檐庑殿顶和单檐庑殿顶之分。重檐庑殿顶是古代建筑中最高级别的屋顶式样，因此，只适用于皇宫、庙宇中的主殿。单檐庑殿顶则多用于礼仪盛典及宗教建筑的次殿或门堂等处。

歇山顶，由四个倾斜的屋面、一条正脊、四条垂脊、四条戗脊和两侧倾

庑殿顶

斜屋面上部转折呈垂直的三角形墙面组成，如此一来，就自然形成两坡和四坡屋顶的混合形式。有单檐、重檐和卷棚歇山等多种。重檐歇山顶是由两坡顶加周围廊形成的屋面式样，等级次于庑殿，多在一些规格很高的殿阁中使用，而一般歇山顶的应用则是十分普遍的，没有什么禁忌。

悬山顶与硬山顶

悬山顶，两坡顶的一种，是我国一般建筑中最常见、最普通的形式，特点是屋檐两端悬伸在山墙以外。这类屋顶具有形式简洁、美观而朴素的显著特点，多用于宫殿寺庙中的附属建筑和民间建筑。

硬山顶，也是两坡顶的一种，但屋面不悬出山墙之外。硬山顶形式简洁而质朴，多在宫殿寺庙中的附属建筑和民间建筑中有所使用。

垂莲柱与栏杆

垂莲柱，用于垂花门或牌楼门的四角上、下部悬空的垂柱，端头上常有

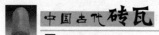

莲花雕饰，因此又称为"垂莲柱"、"垂花柱"等，是很常见的装饰性构件。

栏杆是建筑物边沿供人倚扶，防止人、物坠下的障碍物，起维护或分割作用的结构之一。人们在很早的时候就把栏杆普遍应用在台基、室内、室外、走廊、花池、楼台亭榭等处，当然，它起到了装饰美化的作用。

美人靠与门楣

美人靠，在坐凳栏杆外侧安装尺余高的靠背，成为"靠背栏杆"。这种栏杆通常在园林建筑中有所采用，特别是临水建筑，供游人斜倚眺望和消除疲乏。靠背部分或直或曲，或做成其他种种式样，具有极强的装饰效果。因弯曲似鹅颈，又被称为"鹅颈靠"。因古画中常常画仕女凭栏眺望，故美其名曰"美人靠"。

楣，门户上的横木。古时显贵之家门楣高大，故常以"门楣"喻门第。也是宅第装饰的重点部位。

影壁与正脊

影壁作为大门屏障的墙壁，很多情况下又称"照壁"或"照墙"。早期建筑中门内的称"隐"，门外为"避"，影壁由"隐避"在漫长的历史中逐渐演化而来。影壁依其做法不同，又可以分为"一字壁"、"八字壁"、"三滴水影壁"等。砌筑于院门之内对面山墙的称"座山影壁"。通常设于大街对过，与大门遥相对应的称"外影壁"。影壁的做法十分考究，并常常附带有砖雕，既能使外人不能对内一览无遗，又不能使装饰效果有所减弱。

正脊是屋顶前后两个斜坡相交而成的屋脊叫正脊。戗脊指歇山屋顶上与垂脊呈45°相交的四条屋脊。

正吻与鸱尾

正吻即"大吻"，屋顶正脊两端装饰物。龙头形，口大张，咬住正脊。汉唐多以凤凰为正脊饰，南北朝被鸱尾所取代，宋元出现鸱吻、龙吻，明以后多用龙吻，富丽有生气。清以后逐渐程式化。

鸱尾，汉至宋宫殿屋脊两端曾流行鸱尾脊饰。汉时方士认为，天上有鱼尾形，置于屋顶可防火灾，于是有了鱼尾形脊饰。唐时鸱尾无首，宋时有首有吻。明清时脊饰以龙形为主，鱼尾形仅在南方建筑中存在，尾部透空翘卷。

背兽与仙人

背兽，古建筑屋面大吻背后兽形瓦件，外形似一个螭兽头。明代的背兽比清代的背兽鼻子长且向后卷曲，后部做出长榫可以直接插入大吻的阴榫内，做工考究，造型华丽。

正吻

仙人，垂脊或戗脊至屋角前端的瓦质雕饰件做成的仙人形象，故叫"仙人"。又称"骑鸡仙人"、"冥王骑鸡"。

走兽与宝顶

走兽也叫"小兽"，宋代称"蹲兽"，是垂脊前部即角脊上紧随仙人之后的一排瓦质雕饰件，其次序为龙、凤、狮、麒麟、天马、海马、鱼、獬、猴，使用多少视建筑大小而定，但必须是奇数，最少的只有一个。故宫太和殿的角脊上的走兽很特殊，共有十个，成双数，按清制是最高等级的。其中天马、海马象征皇家威德通天入海；斗牛、狎鱼可以兴云作雨，镇火防灾；狮子为镇山之王；狻猊则为能食虎豹的异兽，象征百兽率从；獬豸善辨是非，以示皇家的"正大光明"；行什似猴，为压尾兽。

宝顶，塔刹刹顶的装饰物，状似圆形宝珠而得名，一般置于宝盖之上，与仰月或火焰组成装饰，有时也单独做刹。

马头墙与墀头

马头墙是防火山墙的一种。因防火，又叫"封火墙"、"风火墙"。房舍山墙高出屋面，以防一家着火，殃及邻家。其外形多样，因其高出屋面随坡叠落部分略似马头形，故名"马头墙"，在安徽、浙江、江西一带多见。

墀头，俗称"腿子"，《清式营造则例》："山墙伸出之檐柱外的部分。"硬山墀头由下至上一般分为下碱、上身、梢子三个部分，庑殿、歇山、悬山等建筑则无梢子。墀头伸出檐外，处于屋檐的两端，常作重点装饰。

女儿墙、花墙与廊心墙

女儿墙由"女墙"一词而来。凡是在房上、楼台上或墙上的矮墙都叫"女儿墙"，作用与护身栏杆相同。墙体可砌实体，用花砖或花做法，也可用经过砍制雕刻的砖仿各种木质栏杆砌筑。

马头墙

花墙，多用于住宅内院和园林，将院内或园内不同功能的部分略加区分，带有栏杆的性质。有的在漏空部分用砖瓦砌成各种花样，有的将整堵墙做成透空花样，也有把花式砖拼砌图案，从 14 世纪盛行至今。

廊心墙，传统建筑中山墙里面檐柱与金柱之间的部分。因砌筑部位不同，廊心墙分为下碱和廊心。古建筑墙体中很重视廊心墙的装饰。

第二节
古建筑欣赏

千门万户未央宫

未央宫在汉高祖七年（公元前 200 年）开始建造，由当时最具权势的宰相萧何亲自监造。整个未央宫有殿阁宫室 40 多个，整个建筑气势宏伟。在萧何看来，"天子以四海为家，非壮丽无以重威"，他要用豪华的宫殿在天下人面前尽显皇帝的至高权威，还要让后代感到无法超越这个权威。但是刘邦的后代们不仅不满足于刘邦留下的那些权势象征，还要一步一步以更加华丽、更加奢侈、更加宏大的建筑超越其祖其父的奇迹。

好大喜功的汉武帝在位时也是汉代最为繁盛的时期，仅汉武帝就建造了城内的北宫、桂宫、明光宫和城外的建章宫等庞大的宫殿群落。建章宫周长 30 里，宫殿群千门万户，极尽奢侈，已到秦朝的阿房宫也望尘莫及的境地了。

古代地理书《三辅黄图》记载，汉武帝建造宫室的时候，"以木兰为枌撩，文杏为梁柱，金铺玉户，华榱璧珰，雕楹玉碣，重轩镂槛，青琐丹墀，左城右平，黄金为壁带，间以和氏珍玉，风至其声玲珑然也"。这段话的意思是说，他们用木兰来包裹屋梁和椽子，用文杏做梁柱，用金玉来装饰门户，用华丽的椽子配饰屋檐上的瓦当。雕刻华美的柱子立在玉石做成的柱础上，重檐下有层层叠叠镂刻着花纹的栏杆，有青色花纹装饰的门窗，有红漆涂饰的台阶。墙上不仅有黄金做成的装饰，还悬挂着和氏珍玉，每当有风吹过的时候，就会激起玲珑美妙的声响。

《三辅黄图》还说，建章宫南的玉堂宫，有壁门三层，还有内殿十二门，每一层台阶都用玉石造成。门阙上还铸造了精美的铜凤，满身装饰黄金，栖息在阙楼顶上，铜凤的下面设置有专门的传动机关，每当风吹的时候，就会带动铜凤在屋顶翩翩起舞，如同飞翔一样，因此称为"凤阙"。所有这些，都是历史记载中描绘的汉代长安宫殿的特别景致。

巧构妙思长乐宫

现代，中国社会科学院和陕西省考古所的考古学家对汉代长安城的考古发现，已经包括了除明光宫之外的所有汉代皇家宫殿建筑群遗址。尽管这些遗址的发掘考察还需要非常久的时间，但是从已经发掘的少部分建筑遗址上也能够看到当年建造这些宫殿时的巧妙构思和高超技艺。

汉长乐宫的整个宫城占地面积达到 6 平方千米，约占全城总面积的 1/6，四周建有围墙，是中国古代规模最大的一座皇宫，远远超过北京明清紫禁城 0.724 平方千米的面积。宫城内的后妃宫殿之中存在多处地下通道，主要集中于太后居住的长乐宫、皇后居住的未央宫椒房殿、嫔妃居住的桂宫等地。考古专家推测这些地下通道可能与汉代频繁发生的宫廷政治斗争有关。它们或者是皇帝后妃们与外戚亲族及其他外界势力联系的秘密地道，或者就是他们在紧急情况下的逃生密道。

对长乐宫的发掘还显示，西汉时期皇家宫殿的设计与文献中的记载有许多相似的地方，证实了文献记载的真实性，也显示了古代建筑的高超技艺。今天在长乐宫遗址残留的汉代宫廷台阶上，还能够清晰地看到雕刻精美的花纹图案。

长乐宫的一处宫殿建筑的发掘还发现，仅仅这一座建筑就有 40 多个柱础石，房屋的地砖上当年还铺有木地板。这座建筑的主室有 40 平方米，装修考究，浆泥抹平的地面还涂饰成朱红色。主室北面发现的踏步也有涂朱工艺，整个台阶都呈红色。这种形式与文献记载高度一致，红颜色的踏步又叫丹墀，所谓"青琐丹墀"是仅供皇帝所用的装修等级，一般的王公大臣是不能僭越的。这里发现的壁画残块也是宫殿装饰华美的证据。

人们还在长安宫殿遗址发现了保存完好的砖筑地下排水涵洞，涵洞两壁用条砖砌成，上部用子母砖券顶，涵洞高约 1.3 米，顶部还留有检修时进出人员的检修口，这些地下构造经过 2000 多年的变迁依然完好，可见当时设计之完善和工艺之精细。从这些巨型地下排水涵洞的使用，可以推断当时城市规划建设已经具有非常高的文明水准，汉代宫廷的城市化生活环境在世界上也属先进的了。

统率群臣太极宫

太极宫在长安城正北位置，内有太极殿，是皇帝日常接见群臣的地方，这样的位置也正好体现出皇帝至高无上的权威。太极殿两侧的两仪殿分设中书省、门下省、弘文馆、史馆等，是高级官吏们的办公处所。东宫是太子的居住处，位于太极宫东侧，后妃居住的掖庭宫位于太极宫的西侧，东宫和掖庭宫就像是太极宫的两翼，显示了太子、后妃与帝王之间的特殊护佑关系。太极宫的北门名叫玄武门，驻有保护皇宫的重兵，公元 626 年，李世民和他的哥哥李建成为争夺皇位发生的兵变就在这里上演，史称"玄武门之变"。

李世民是唐高祖李渊与窦皇后所生的第二个儿子，李建成则是他们的长子。李渊建立唐朝后，立李建成为太子。本来，李世民在唐朝建国的过程中

太极宫

立下了巨大的功勋，也在与隋朝的长期战争中培植了大量军政人才和心腹干将，成为当时无人能比的杰出人物。但是李建成身为太子，具有合法继承皇位的优越条件，又在兴唐大业中立有功劳，也因此在自己的周围聚集了包括弟弟李元吉在内的一批亲贵大臣。双方之间为争夺皇位继承权的斗争明里暗里持续不断。

公元626年7月1日，李世民在李渊面前告状，说李建成、李元吉淫乱后宫，要求李渊将他们治罪。第二天，李世民就亲自率领长孙无忌等人，埋伏在玄武门附近，借李建成和李元吉上朝的机会伏击他们，杀死李建成和李元吉，迫使唐高祖李渊降旨，命令各路军队全部听从李世民指挥。

事变三天之后。唐高祖宣布立秦王李世民为太子，国家大事一律由太子处置。这年8月，太子李世民即位。

空前绝后大明宫

太极宫的东北有大明宫，是皇帝经常处理朝政的地方。这座庞大的宫殿群也是唐都长安三座主要宫殿群中最大的一座。这里原来是李世民为父亲李渊修建的夏宫，李渊去世后改名为大明宫。唐太宗贞观八年（634年）开始兴建，到高宗龙朔二年（662年）才完成，高宗随即搬入居住，此后成为唐朝历代皇帝的主要朝寝之所。大明宫的主要建筑包括含元殿、宣政殿、紫宸殿、麟德殿等50多座。大明宫遗址在今西安火车站北的龙首原上，它的主殿含元殿就是以龙首原为殿基。

含元殿是一座巍峨壮丽的建筑，规模巨大，经考古实测，它的夯土台基有15.6米多高，比明清故宫三大殿的台基高出12米多。含元殿面阔为11间，建筑构造长75.9米，南北宽41.3米。大殿两侧还建有翔鸾、栖凤二阁，两间间隔150米，相当于故宫午门两翼阙楼宽度的两倍。大明宫中的麟德殿是一组面积达到5000平方米的巨型建筑，是明清故宫太和殿面积的三倍。据考古实测，大明宫宫城的西墙达2256米，东墙达2614米，周长为8724米，面积约3.2平方千米，是北京故宫的四倍。

大明宫是唐代最为宏伟的宫殿建筑群，也是世界史上最大、最宏伟宫殿建筑群之一，代表了唐代宫殿建筑的最高技艺。宫城的中心有太液池，湖内有蓬莱山，面积广阔，沿池周围建有回廊，池西是麟德殿，池西北是三清殿，花木丰美，波光潋滟，胜似人间仙境。但到目前为止，考古学家对大明宫的考古发掘才占其整个面积的1%，还有大量的文化遗存被埋藏在千年以来的黄土之下。

兴庆宫

　　唐宫城的第三建筑群为兴庆宫，地点在大明宫和太极宫的东南端，原来是唐玄宗登基前的藩邸，名为隆庆坊，李隆基登基做皇帝后，为避李隆基的名号，改名为兴庆坊，再改为兴庆宫，是唐都三大宫殿群中面积最小的一组宫殿群。开元八年（720年），唐玄宗在兴庆宫西南部建成花萼相辉楼和勤政务本楼，以后还不断扩建，成为自唐玄宗及以后皇帝起居听政的正式宫殿，是当时中国政治中心所在，也是玄宗与杨贵妃长期居住的地方。开元、天宝年间，正逢唐朝经济文化的鼎盛时期，兴庆宫见证了唐代最繁华富丽的宫廷生活，也留下了广为传颂的名家诗作。兴庆宫内有龙池，池上种植了荷花、菱角和藻类等隐花植物，沿岸广植花木，唐玄宗和杨贵妃共赏牡丹的沉香亭，就在龙池之东。

　　1958年，西安市在唐兴庆宫遗址上兴建了兴庆宫公园，还特别建有沉香亭等仿古建筑以体现这些文化故事。不过，这个沉香亭是一座典型的现代仿古建筑，甚至很少参考唐代建筑所特有的风致。

　　值得一提的是，西安碑林博物馆藏有北宋元丰三年（1080年）的石刻残碑，碑石的上半部分原来刻有《大明宫图》，已经残损，下半部分的《兴庆宫图》则保存完好。图正中可见龙池，池的东边有沉香亭，南边有长庆殿、龙堂、勤政务本楼、花萼相辉楼，后院是兴庆宫的主殿兴庆殿、大同殿，这是唐玄宗处理政务和接见外国使节的地方。《兴庆宫图》是一幅用中国传统绘制方式制作的宫殿园林地图，各种建筑标志均以立体写实的形象呈现，绘画精致，它也是宋代城市园林地图上唯一注明比例尺的地图，图上刻有"每六寸折地一里"的注释说明，给出了制图使用的比例尺，保证了地图的精准。据现代考古工作实测的结果，唐代兴庆宫南北长1250米，东西宽1080米，总占地面积达13.5万平方米。

　　汉唐雄风在都城和宫殿建筑上的表达，就是以气势雄壮、规模宏阔的高大殿阁衬托出皇帝君临四海、至高无上的威仪。这种巨型台基式样的殿阁建

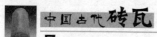
筑也被后来的皇帝们采纳，成为中国宫殿建筑的重要标志。

知识链接

李白献词助兴

传说诗人李白当时正任翰林学士，一日，玄宗和杨贵妃月夜赏花，贵妃侍酒，并有梨园弟子进献舞曲助兴。玄宗认为如此的良辰美景花盛日，他自己的乐舞班子却只能演奏一些陈词滥调，有伤雅兴，于是就急令以金花笺赏赐李白，命令李白进献新词，由他的乐舞班子演奏助兴。李白也就借着酒性写了《清平调》三章进呈，他以诗化的语言描绘了玄宗与杨贵妃沉香亭赏花的浪漫景致：

云想衣裳花想容，春风拂槛露华浓。若非群玉山头见，会向瑶台月下逢。

一枝红艳露凝香，云雨巫山枉断肠。借问汉宫谁得似，可怜飞燕倚新妆。

名花倾国两相欢，常得君王带笑看。解释春风无限恨，沉香亭北倚栏杆。

古建典范紫禁城

北京故宫又被称作"紫禁城"，紫禁城的名称来源于中国古代天文学术语，也是中国古代"象天设都"的文化意识形态的产物。早在《史记·天官书》中就有三垣二十八宿的记载，《后汉书》第四十八卷也有"天有紫微宫，是上帝之所居"的记载。古人把天空星系划分为三垣二十八宿的全天恒星体系，以北极天顶区域为整个天体的中心，分为紫微垣、太微垣和天市垣三个大的天区，每个天区包含了若干小的星官，其中的紫微垣是三垣的中垣，居于北天中央的北极星周围，它的位置恒定不变，因此成为代表天帝的至高无上、至尊无比的星座，是天帝的居所，所以又称中宫，或紫微宫。后世以这三垣分别对应皇宫、政府机构和都市重地。既然皇帝贵为真龙天子，是天帝

紫禁城

在人世间的代表，所以皇帝居住的地方也就被比喻为上天的紫宫。另外，出于维护皇帝和他的家庭的权威及尊严，以及为他们的安全考虑，历代所修建的皇宫，既要富丽堂皇，又须壁垒森严。这样的一座城池，不仅宫殿重重，楼阁栉比，还围着一道10米多高的城墙和52米宽的护城河，日夜哨岗林立，时刻戒备森严，这座禁闭森严的宫城就被称为紫禁城了。这个名称也体现了明清帝王的政治文化理念，他们把自己当成上天在人世间的代表，是代表上天君临天下。

故宫位于北京内城中心偏南的位置。皇城周围有高大的城垣包围，四面开门，东为东安门，北为地安门，西为西安门，南为天安门。天安门是皇城的正门。皇城内有宫苑、太庙、社稷坛等建筑。宫城位于皇城中间，以城垣围护。宫城东门是东华门，北门是神武门，西门是西安门，南门（即正门）是午门。城墙四方都有角楼守望，外围有护城河环绕。

故宫有8707间房屋，按照前朝后寝的制度规划，由南向北，前部分属于外朝，从午门开始，到乾清门为止，是明清封建帝王临朝理政、举行重大政治活动和举办重要礼仪仪式的主要场所。中轴线上著名的故宫三大殿，即太和殿、中和殿、保和殿，是这部分最主要的建筑，也是故宫最重要的建筑。三大殿的两翼东侧有文华殿、文渊阁、上驷院、南三所。西侧有武英殿、内务府等建筑，对称分布。外朝以北是内廷，内廷从乾清门开始，以主轴上的乾清宫、交泰殿、坤宁宫等后三宫为中心，两翼则有养心殿、东六宫、西六宫、斋宫、毓庆宫等，后面还有御花园，这是帝王和后妃们的居住处所，也是帝王处理日常政务的地方。内廷的西部有慈宁宫、寿安宫等。此外还有重华宫、北五所等建筑。

🥢 故宫核心三大殿

故宫最重要的建筑是太和殿、中和殿、保和殿组成的"三大殿"。三大殿建筑在一个高8米，总面积为2.5万平方米的"工"字形台基上。

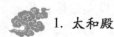 1. 太和殿

　　太和殿是皇帝举行国家重大典礼仪式的地方，也是最重要、最高规格的国家建筑。一般遇到新皇登基、皇帝生日、皇帝大婚，或者册立皇后、新年元旦等重要节日，或者命将出征、金殿传胪等事关国家要政的重要庆典仪式，皇帝都要在这里接受群臣朝贺、招待和宴请亲贵大臣。明清两代 24 位皇帝都把这里作为主要的仪式场所。太和殿俗称"金銮殿"，面阔 11 间，进深 5 间，高 26.92 米，连同台基高 35.05 米，东西 63 米，南北 35 米，建筑面积 2300多平方米。殿前宽阔平台称为丹陛，俗称"月台"，台上陈设有日晷、嘉量各一座，铜龟、铜鹤各一对，铜鼎 18 座。龟、鹤为长寿的象征，寓意为国运永昌，绵绵不绝。日晷是古代的计时器，嘉量是古代的标准量器，它们都是皇权的象征。铜鼎是国家社稷的象征。

　　太和殿南面正中丹陛之下有踏步三道，正中间一道是雕刻着盘龙云海花纹的汉白玉御路，为皇帝的专用步道，两侧踏步为王公大臣登殿使用的步道。太和殿体量巨大，建筑形制体现了古代建筑的最高规格。它是一座五脊四坡的大殿，从东到西有一条长脊，前后各有斜行垂脊两条，这样就构成五脊四坡的屋面，建筑术语上叫"庑殿式"。太和殿的檐角上排列有 10 只走兽，依

太和殿

次为骑凤仙人、鸱吻、狮子、天马、海马、狻猊、狎鱼、獬豸、斗牛、行什。10 只走兽同时排列，这是中国古建筑的唯一特例，一般古代宫殿建筑屋脊的走兽最多只有 9 只。

大约从 14 世纪明代起，重檐庑殿成为封建王朝宫殿等级最高的形式。太和殿有直径达 1 米的大柱 72 根，其中 6 根围绕御座的是沥粉金漆的蟠龙柱。"6，9，72"，这些数字寓意着国祚绵长。殿内天花正中是精致的蟠龙藻井，上挂"建极绥猷"匾，是乾隆皇帝的御笔（为了保护文物，现在的匾额为复制品）。殿中间是封建皇权的象征——金漆雕龙宝座，设在殿内高 2 米的台上，御座前有造型美观的仙鹤、炉、鼎，背后是雕龙屏。太和殿大殿内"金砖"铺地，这些光滑黑亮的金砖是从苏州专门烧制的，质地坚硬。太和殿红墙黄瓦、朱楹金扉，在阳光下金碧辉煌，是故宫最壮观的建筑，也是中国最大的木结构殿宇。

太和殿的前身是明朝的奉天殿，面阔 9 间，进深 5 间，体现"皇帝乃九五之尊"的意识。按模型测量，它的宽度应该有 95 米，进深有 50 米。当时所用的柱子全部是从西南地区采伐运来的金丝楠木，粗壮高大。奉天殿建在今天太和殿的位置，但它的建筑面积几乎占满了整个台基，两侧饰以木柱回廊，更显得气势恢宏，可以算得上是世界上最大的单体木结构建筑。但是明代奉天殿建成后几次被火烧毁，明末李自成逃出北京的时候又专意"焚宫殿及九门城楼"，奉天殿也被摧毁。到清康熙年间重建三大殿，太和殿就建在奉天殿的原址，但它的体量比原来的奉天殿大大缩小了，所用木柱也改为松木，不再有明朝所具有的气势了。

 2. 中和殿

中和殿位于太和殿后，坐落在"工"字形台基的中间连接部位，殿高 27 米，平面呈正方形，面阔和进深都为 3 间，四面出廊，金砖铺地，建筑面积 580 平方米。黄琉璃瓦单檐四角攒尖顶，四脊顶端聚呈尖状，上安一个铜胎镏金的球形宝顶，建筑术语上叫"四角攒尖式"。

中和殿是皇帝去太和殿举行大典前稍事休息和演习礼仪的地方。皇帝在这里还要先接受内阁大臣和礼部官员行礼，然后进太和殿举行正式仪式。另外，皇帝如果要亲自举行祭祀天地和太庙的礼仪，之前的一天，要在这里审阅写有祭文的"祝版"；在祭先农坛和到中南海演耕之前，也要在这里查验种子、审视耕具。皇太后上尊号之前，皇帝要在此阅读奏书。皇室玉牒（皇室家谱）修成，进呈皇帝的时候，也要在这里举行安放仪式。所以，皇帝在中和殿的活动，既是国家重要仪式举行前的预备过程，也表示对国家重大仪典活动的慎重和重视。

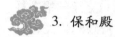

3. 保和殿

中和殿之后是保和殿。保和殿面阔 9 间，进深 5 间，建筑面积 1240 平方米，高 29.5 米。殿内同样是金砖铺地，坐北向南设有雕镂金漆宝座。明代，每当举行大典前皇帝在此更衣，册立皇后、太子时，皇帝在此殿接受百官朝贺。清代每年除夕和正月十五，皇帝在此赐宴外藩王公及一二品大臣，场面十分壮观。乾隆五十四年（1789 年）之后，每三年一次科举考试的殿试，从太和殿移到了保和殿举行。每年岁终，宗人府、吏部要在保和殿填写宗室满、蒙、汉军以及外藩世职黄册。黄册是记载满、蒙贵族家族繁衍的档案文件，类似民间的家谱，但黄册是由国家专门部门负责编写收藏的，是贵族家族身份地位传袭的依据。

故宫三大殿是国家政治活动的中心，但是一般情况下皇帝的办公场所并不常在三大殿。明清两代的皇帝经常会在太和门、乾清门上朝，称作"御门听政"。遇有比较紧急或重要的事情时，皇帝则在乾清宫召见大臣。晚清时期，慈禧太后垂帘听政，上朝的常设地点也因此变成了养心殿。这样，三大殿作为皇帝行使统治权力和举行重大典礼的主要场所，它们的礼仪性意义要远远大于它们的实际功用，是具有极大象征意义的场所。过去封建皇帝凭借雄伟的建筑和各种仪式活动以显示皇权和威严，三大殿则是发展这种威严和权势的核心。

故宫三大殿沿袭了数千年中国宫殿建筑的传统，为台基式建筑。三座大殿建筑在一个"工"字形的大型台基上，台基以汉白玉包砌而成，三层重叠，每层的四周都矗立着成排的雕栏、望柱，柱头上雕刻着象征皇权的云龙云凤图案。台基前后各有三座巨型石阶，中间的石阶上雕刻着海浪和祥云托起的蟠龙，这是供皇帝专用的御路，两旁的石阶供官员上朝时使用。从前文可知，三大殿的台基总面积为 2.5 万平方米，台面上有透雕栏板 1415 块，雕刻祥云、盘龙、翔凤的望柱有 1460 个，望柱下有专供排水的螭首 1142 只。龙凤装饰既象征着皇帝至高无上的权威，也有独特的装饰艺术效果，特别是在下雨时，台基面上的雨水从专设的下水口渗入台基，再从每一只螭首的龙口里逐层排出下泄。如果 1142 只螭首同时出水，就会形成"大雨如练，小雨如柱，千龙吐水"的壮丽奇观。

知识链接

古代建筑物上的砖瓦

用砖瓦作建筑装饰，指的是对屋顶、地面、墙面、台座等砖瓦构件的艺术特殊处理，可划分为陶土砖瓦与琉璃砖瓦两大类。屋顶是古代建筑着重装饰的部位之一。筒瓦檐端放着瓦当，在汉代之前，瓦当有圆形、半圆形（也包括多半圆）两种，上面模印文字（宫殿名或者吉祥话）、四灵（玄武、青龙、朱雀、白虎）、卷草、夔龙等图案；汉代以后普遍采用圆形，南北朝时期到唐代几乎都为莲瓣纹，宋代以后才有牡丹、盘龙、兽面等。檐端板瓦设置有滴子，元代之前大多为盆唇状，以后演变为叶瓣形，再加上模印花纹。正脊两端设有鸱尾、兽头或吻，唐代以前大多采用鸱尾，像是内弯形的鱼尾状，而且附有鳍；宋代鸱尾与兽头一起使用，不过鸱尾已经出现吞脊龙首，并减去鳍；明清时期把鸱尾修改为吞脊吻，吻尾向外弯曲，并保留兽头。垂脊与斜脊的端部，唐代之前不设走兽，宋代才有仙人、龙、凤、狮子、马等，明清时期，大体上沿袭宋制，不过更定型化；民间建筑的吻、兽花样非常多，有非常鲜明的地方特色。屋脊在宋代以前大多采用板瓦叠砌，正中央设置珠宝；元代之后改为定型化的空心脊筒子，并增添上花饰；民间建筑则大多采用砖与瓦垒砌，较为古朴。地面上铺砖，唐代经常采用模印莲花纹方砖铺在较为重要建筑的坡道以及甬路上，宋代之后多为素平铺装。在墙面上砌砖，宫廷建筑大多使用磨砖对缝，清代按照砌筑的精细程度分为乾摆（没有灰缝）、丝缝（灰缝内凹非常小）、淌白（灰缝比较大，有些用凸缝）3 种做法。影壁墙与山墙端部以及砖墙门窗边框还有雨罩经常制作出极为细致的砖雕，一些能工巧匠将之雕出仿木结构

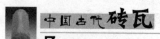
形式，楼房挑出的檐廊大多数采用砖雕做出仿木栏杆。建筑的台座，尤其是砖塔的基座，大多采用砖砌出须弥座，上面雕刻繁杂的花纹。南北朝之前有许多模印花纹的砖砌在墙面上，题材从人物故事至各种图案，尤为丰富，不过大多数还是用于墓葬中。

私家园林利用青砖小瓦、原木本色以及精巧自由的砖木雕刻，用来凸显出其主人超然淡泊的格调。

琉璃砖瓦的装饰手法与形式大体上与陶土砖瓦很像，只不过规格化的程度更高，许多构件全部是定型化生产，突出庄重典丽的艺术效果，不过在园林民居中并不适用。

图片授权

全景网

壹图网

中华图片库

林静文化摄影部

敬　启

本书图片的编选，参阅了一些网站和公共图库。由于联系上的困难，我们与部分入选图片的作者未能取得联系，谨致深深的歉意。敬请图片原作者见到本书后，及时与我们联系，以便我们按国家有关规定支付稿酬并赠送样书。

联系邮箱：932389463@qq.com

参考书目

1. 朱存明著. 汉画像之美：汉画像与中国传统审美观念研究. 北京：商务印书馆，2011.

2. 金建辉编. 中国古代瓦当纹饰图典. 杭州：浙江古籍出版社，2009.

3. 庄裕光，胡石主编. 中国古代建筑装饰·装修. 南京：江苏美术出版社，2007.

4. 申云艳著. 中国古代瓦当研究. 西安：文物出版社，2006.

5. 楼庆西著. 中国古建筑砖石艺术. 北京：中国建筑工业出版社，2005.

6. 王世昌著. 陕西古代砖瓦图典. 西安：三秦出版社，2004.

7. 刘一鸣编. 古建筑砖细. 北京：中国建筑工业出版社，2004.

8. 沈福煦著. 中国古代建筑文化史. 上海：上海古籍出版社，2001.

9. 刘大可主编. 中国古建筑瓦石营法. 北京：中国建筑工业出版社，1993.

10. 中国科学院自然科学史研究所主编. 中国古代建筑技术史. 北京：科学出版社，1985.

11. 刘敦桢编. 中国古代建筑史（第二版）. 北京：中国建筑工业出版社，1984.

中国传统民俗文化丛书

一、古代人物系列（9 本）

1. 中国古代乞丐
2. 中国古代道士
3. 中国古代名帝
4. 中国古代名将
5. 中国古代名相
6. 中国古代文人
7. 中国古代高僧
8. 中国古代太监
9. 中国古代侠士

二、古代民俗系列（8 本）

1. 中国古代民俗
2. 中国古代玩具
3. 中国古代服饰
4. 中国古代丧葬
5. 中国古代节日
6. 中国古代面具
7. 中国古代祭祀
8. 中国古代剪纸

三、古代收藏系列（16 本）

1. 中国古代金银器
2. 中国古代漆器
3. 中国古代藏书
4. 中国古代石雕

5. 中国古代雕刻
6. 中国古代书法
7. 中国古代木雕
8. 中国古代玉器
9. 中国古代青铜器
10. 中国古代瓷器
11. 中国古代钱币
12. 中国古代酒具
13. 中国古代家具
14. 中国古代陶器
15. 中国古代年画
16. 中国古代砖雕

四、古代建筑系列（12 本）

1. 中国古代建筑
2. 中国古代城墙
3. 中国古代陵墓
4. 中国古代砖瓦
5. 中国古代桥梁
6. 中国古塔
7. 中国古镇
8. 中国古代楼阁
9. 中国古都
10. 中国古代长城
11. 中国古代宫殿
12. 中国古代寺庙

五、古代科学技术系列（14 本）

1. 中国古代科技
2. 中国古代农业
3. 中国古代水利
4. 中国古代医学
5. 中国古代版画
6. 中国古代养殖
7. 中国古代船舶
8. 中国古代兵器
9. 中国古代纺织与印染
10. 中国古代农具
11. 中国古代园艺
12. 中国古代天文历法
13. 中国古代印刷
14. 中国古代地理

六、古代政治经济制度系列（13 本）

1. 中国古代经济
2. 中国古代科举
3. 中国古代邮驿
4. 中国古代赋税
5. 中国古代关隘
6. 中国古代交通
7. 中国古代商号
8. 中国古代官制
9. 中国古代航海
10. 中国古代贸易
11. 中国古代军队
12. 中国古代法律
13. 中国古代战争

七、古代文化系列（17 本）

1. 中国古代婚姻
2. 中国古代武术
3. 中国古代城市
4. 中国古代教育
5. 中国古代家训
6. 中国古代书院
7. 中国古代典籍
8. 中国古代石窟
9. 中国古代战场
10. 中国古代礼仪
11. 中国古村落
12. 中国古代体育
13. 中国古代姓氏
14. 中国古代文房四宝
15. 中国古代饮食
16. 中国古代娱乐
17. 中国古代兵书

八、古代艺术系列（11 本）

1. 中国古代艺术
2. 中国古代戏曲
3. 中国古代绘画
4. 中国古代音乐
5. 中国古代文学
6. 中国古代乐器
7. 中国古代刺绣
8. 中国古代碑刻
9. 中国古代舞蹈
10. 中国古代篆刻
11. 中国古代杂技